打開天窗 敢說亮話

WEALTH

天窗出版

新經濟
制霸戰

龐寶林　著

目錄

Chapter 01
新經濟大時代

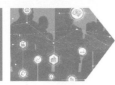

Chapter 02
新經濟投資主題

Chapter 03
雲相關的投資機遇

Chapter 04
科技巨企布局

Chapter 05
中國科技領袖股

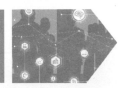

Chapter 06
培養新時代投資觸覺

Chapter 07
新經濟股的風險

推薦序

林家禮博士 BBS
數碼港主席

新冠肺炎疫情打亂全球經濟，但同時亦促使個人和企業加快加強數碼轉型，為經濟帶來創科動力及全新秩序。過往5年擔任數碼港主席以來，我有感在2020年疫情爆發至今，雖然由大公司以至初創企業都面對不少挑戰，但傳統經濟企業對尋求數碼科技創新方案的意欲及需求，卻是前所未有的高，而數碼港的創業家們致力透過在創科方面的努力，化危為機，協助各行各業轉型，解決社會和經濟的困難，迎難而上的戰意非常高昂。

在促進香港新經濟的發展的路程中，我和數碼港團隊有很多機會與創科生態圈的不同持份者聯繫與合作，包括初創企業、跨國公司、科技巨擘、上市公司、創投和私募基金、高等院校、專業團體等。本書作者龐寶林先生是我很早結緣的活躍的業界持份者和意見領袖。龐先生可以說是香港關注創科課題的財金界先驅，早在千禧初科網股熱潮時，就開始留意科技和新經濟的發展，而且從未間斷，而作為資產管理專家的龐先生，亦都早就注意到金融科技的逼切需求和龐大潛力，並創立了亞洲金

融科技師學會，為香港的金融科技人才培育工作出一份力。透過敏銳的市場觸覺和廣闊的創科視野，冶煉成精闢獨到的在創科和新經濟方面的真知灼見，我很高興見到龐先生將他的獨到見解和閱歷結集成書，與廣大讀者，尤其是香港的年青創業家分享。

我特別將這本書推薦給以下幾類朋友，而他們恰巧亦是數碼港的服務對象。

準備投身社會或初出茅廬的年輕人：本書可以讓你了解科技如何影響已經來臨的新經濟的發展，及早部署好生涯規劃，繼而裝備好自己，把握事業發展的機遇。

創業家：本書會告訴你怎樣的靈活變通的商業模式，才能令你的創科方案，在新經濟環境下，成功搶佔市場份額，以及吸引投資者和客戶垂青，成為下一隻獨角獸或上市公司。

企業管理層：本書會解構數碼科技的發展和應用，對不同行業帶來的衝擊和影響，讓你及早為公司籌劃及落實數碼轉型，避免被市場淘汰。

投資者：本書剖析科技企業和獨角獸的成功特質，助你在云云的投資項目和產品中，發掘最具增長潛力的優質投資目標。

最後，如果你讀畢《新經濟制霸戰》一書後，決定坐言起行，不論是想投身科技行業、創業、物色應用方案或投資項目或投資資金，不妨到數碼港走一圈，都會讓你找到把握科技和新經濟的良方和良友。

推薦序

顏耀輝 FSA FFT
Bowtie——香港首間虛擬保險公司
聯合創辦人／聯合行政總裁

2020年是香港金融科技關鍵性的一年，一連8家虛擬銀行及4家虛擬保險公司陸續登場。無疑這加速了金融創新，科技能夠改革香港的經濟體系，亦能為消費者帶來便利及優惠。

此前，不少行業已紛紛應用科技、實行數碼化，唯獨保險科技的發展仍然停滯不前。時至2020年代，面對面的保單銷售方式仍是主流，客戶體驗並沒有與時並進。

事實上，香港仍有不少相對基層，或未獲得保障的群體，尤其是Y世代，他們更偏好網上消費模式。他們喜歡去研究、去比較，挑選自己認同的產品及服務。我們認為保險業也是時間改變了。在我而言，我不擔心客戶的消費模式會否改變，而問題是改變來得有多快，變得有多徹底，而新冠疫情正正成為了改變的催化劑。

龐寶林先生是金融專家，細閱他的《新經濟制霸戰》，讓你能綜觀「新經濟」的機遇與風險，亦能洞察「舊經濟」產業的轉型機會。此書不乏多個

廣為人熟識的新舊經濟案例，從投資角度出發，從商業基礎分析，為讀者提供精彩的觀點。不論你是溫故知新的投資者，抑或是有意投身金融科技的畢業生，此書都絕對值得一讀。

我是透過加入亞洲金融科技師學會（IFTA）而認識龐先生的。他既擁有雄厚的投資經驗，同時又掌握金融科技的視野。龐先生持續學習及樂於推動金融科技的決心，使我相當敬佩。

作為精算師，我關心保險行業發展，並慶幸能為保險科技的變革出一分力，令大眾獲得更好的醫療保障；作為連續創業家，我深信科技可以簡化各行各業營運及節省成本，也讓大眾更能負擔得到。

自序

近年來全球新經濟巨浪藉新冠疫情澎湃，並席捲全球各行各業，連續不斷衝擊環球政經及社會民生，激發行業汰弱留強，新興行業、服務及產品更不斷推陳出新，加速改變普羅市民的行為、習慣及日常生活等，除影響社會和經濟發展外，更帶來無限商機和投資機遇，但同時隱藏各式各樣風險與波折！

另一邊廂，舊經濟體系早已根深柢固，如何善用現有優勢和經驗盡快扭轉乾坤及面對各項挑戰？否則，或因新冠疲情進一步萎縮、甚至被連根拔起！這些風險不得不防！

筆者於2017年與金融業及科技業精英聯合成立「亞洲金融科技師學會(IFTA)」，開辦金融科技師認證，協助應付未來急速轉變，當中更認識許多不同行業人士，他們利用科技拓展業務及改良運作模式等，讓筆者進一步了解新科技與各行各業互動及運作。

為提升讀者對新經濟之認識和相關的投資機會，本書深入淺出地協助讀者了解新經濟發展情況、如何貪新不忘舊、洞悉「危與機」、規劃、部署和進退應對，從而增加投資組合回報、加快達到財務自由及為日後富足的退休生活奠下基礎，在新經濟中創造雙贏！

本人謹此感謝信報允許本書使用「基金人語」專欄部份內容、資料及數據等，並感謝各方人士及單位，尤其是東驥基金同事們協助及配合製作本書。

Chapter 01

新經濟大時代

1.1
疫情前
科技股趨勢已成

作者深信新冠疫情加速應用科技，當中不少科技或技術已漸趨成熟，如區塊鏈等；如下圖所示，科技應用於各行各業，造福社會，卻同時擾亂相關行業，現已擴展至醫藥、教育、交通、基建、能源及金融等重要領域，不斷加深和擴闊相關影響，形成新經濟時代不可逆轉，人們只能擁抱它，否則勢必被新經濟淘汰。

圖表 1.11 科技應用擴至各行各業

應用

- 虛擬保險
- 虛擬銀行
- 財富管理科技
- 地產科技
- 監管科技
- e-MPF 積金易
- 貨幣數碼化
- 虛擬資產交易平台
- 未來證券型代幣發行（STO）
- 零售數碼化
- 遊戲數碼化
- 教育數碼化
- 娛樂數碼化
- 健康護理數碼化

科技應用技術降低成本（中介、薪金、租金等），減輕客戶訊息成本，平民化革命（investing for everyone）

5G（IoT）／網絡安全／大數據／人工智能／區塊鏈／雲端運算／支付（結算／交收／存借／集資）／電池

科技

資料來源：東驥基金研究部／亞洲金融科技師學會

由於新冠疫情出現 WFH（Work from Home），即使香港交通非常方便及生活節奏緊湊，市民紛紛因安全而轉為購買外賣或網上購物，因而造就許多以外賣為主的全球科技企業，2020年備受追捧及併購，例子如：

- 荷蘭的 Just Eat Takeaway（TKWY.EU）以73億美元收購 GrubHub（GRUB.US）

- 荷蘭的 Just Eat Takeaway 的 Takeaway.com 擊敗騰訊（0700.HK）大股東 Naspers（NPN.JP）旗下 Prosus（PRX.EU）收購英國 Just Eat，涉資62億英鎊

- Uber（UBER.US）出售印度 Uber Eats 予當地競爭對手 Zomato，涉資約1.721億美元

- Uber 斥資31億美元收購中東 Careem

- 新冠疫情前 Delivery Hero（DHER.EU）斥資40億美元收購南韓 Woowa

- 亞馬遜（AMZN.US）注資5.75億美元予 Deliveroo

- 騰訊投資美團（3690.HK）

- 阿里巴巴（9988.HK）收購餓了麼

- 香港電視 HK TV Mall（1137.HK）的業務增長強勁

這些行業或企業在新冠疫情爆發前後不斷向投資者要求集資，以便透過併購等方式爭先搶攻市場，業務隨後因新冠疫情而興旺，帶動美團等股價在2020年接連報捷，相信未來10年間科技更高速、深入發展影響更多不同領域。

在金融科技中，跨銀行的環球銀行金融電訊協會（SWIFT）及中、歐一起加快推出數碼貨幣，加速去美元化進程，削減美元的影響力，繼而引發不少投資機會，如新興股市、亞洲貨幣、人民幣及一眾亞洲新經濟股等。

2000年科技潮不成氣候

記得2000年科技股熱潮爆破前，許多香港上市的中小型企業只利用一些科技概念及增設網站，便看似一家科技企業，繼而推高股價炒高，在港上市的科技股當時被稱「Low Tech（撈嘢）」，令人倍感難忘！當時香港房地產市場則十分暢旺，相關投資回報更佳，反而「Hi-Tech（Hi嘢）」！皆因高科技所需資金不菲，回報則未必成正比。

以作風穩健及派息穩定見稱的香港電訊被盈科收購後，從公用股搖身一變成為波動性極大的科技股，逼使一眾穩健收息投資者及退休人士無所適從，根本不知如何選擇去留，最終其股價因科技泡沫爆破而暴跌，尤其是許多退休人士損失不菲，帶來新經濟在港發展流下第一滴血。

當時投資者對科技股熱潮趨之若鶩，後來卻無以為繼，美國納指從5,500多點下挫至1,130點，跌幅逾80%，須知不少科技股缺乏盈利，估值只以銷售計算，即使許多傳統及大型科技股如微軟（MSFT.US）、

Cisco（CSCO.US）等均因高估值而缺乏承接力，不少科技巨企如Lucent已消失了，在極惡劣環境下仍能生存至今的科技企業殊不簡單，且看現時美國道指成份股，從2000年不斷壯大的科技股，並逐漸發展成為全球體積最大的企業，過去許多著名大型企業如通用、油企及美資銀行等早已被擠出全球十大或二十大之外。

筆者見證科技股從盛轉衰，然後化身「浴血火鳳凰」重生，如今科技開始進軍各行各業，2008年金融海嘯爆發，促使科技逐步改革金融業。2010年筆者曾與美國科技基金公司Firsthand合作，其旗下一隻封閉基金在美國上市，當時此基金購入不少尚未在美國上市的科技企業股份，包括Facebook（FB.US）的股份佔比最多、其次為Twitter（TWTR.US）及SNAP（SNAP.US）等，我們代表Firsthand尋找亞州投資者，由於屬於封閉型基金，相關企業股價在上市後升幅以倍數計，因不能出售個別科技股，猶如「逼你賺錢」！

由此可見科技大趨勢已成，筆者為各位讀者分享如何投資，即使亞馬遜已為全球最龐大的科技企業，其創辦人貝索斯（Jeff Bezos）在2020年累計出售一百萬股份，累計共值30億美元，但只佔他少量財富而已，較他在1997年亞馬遜上市時至今出售股份套現20億元更可觀，也相當於盧旺達一年GDP，其目的為支持另一太空科技項目 Blue Origin，提供每年10億美元資金。

80後富豪多從事新經濟行業

中國科技業發展非常凌厲，現時體積龐大及快速增長的科技企業簡直恒河沙數，尤以阿里巴巴、騰訊等最亮麗。

圖表1.12 中國十大80後富豪

次序	名稱	身家（億元人民幣）	公司
1	黃崢	2,200	拼多多
2	張一鳴	1,100	字節跳動
3	張邦鑫	950	好未來
4	汪滔	470	大疆
5	穆榮均	355	美團
6	葉剛	330	Sea
7	宿華	260	快手科技
8	陽萌、賀麗夫婦	250	安克
9	李棍	240	理想汽車
10	陳天石	210	寒武記
10	程一笑	210	快手科技

資料來源：2020 胡潤80後白手起家富豪榜

筆者（右二）2010年與美國科技基金公司 Firsthand 合作，並且與創辦人（左二）及 CFO（左一）投資不少科技股。

據近期公布胡潤評中國80後創業富豪榜，在美國上市的拼多多（PDD. US）黃崢蟬聯冠軍，現正蠶食阿里巴巴以普羅大眾為主的客群業務，逼使阿里巴巴走向高端路線，夥拍瑞士奢侈品企業歷峰集團（Richemont）一起投資網絡奢侈品零售商 Farfetch 及其於中國設立的新企業。

亞軍為 TIKTOK 的張一鳴，這些80後富豪逾80%從事新經濟行業，足見新經濟已滲透大中小型企業，甚至年青人所成立的公司亦以新經濟為主。

擁抱新經濟有效渠道

大家應一起盡快擁抱新經濟，投資及了解新經濟可以透過下列有效渠道：

1. 投資於科技企業及擔任股東，此為最直接的方法；

2. 到科技企業工作，繼而取得企業股權，又可以受惠因企業成長的薪酬調整及花紅；

3. 透過科技或新經濟基金或ETF投資，並可以分散風險；

4. 透過接觸不同類型的科技產品或服務，或進修科技課程，甚至可以參加一些科技團體／組織認識科技或行業精英，深切地了解科技發展及投資機會，甚至可以投資初創企業或找到合適夥人創業。

除福布斯公布阿里巴巴馬雲以4,377億元人民幣摘冠及馬化騰坐擁3,683億元人民幣屈居亞太外，各位必須留意上述80後富豪及相關的二、三及四線新經濟企業，加上其基數低及並非出頭鳥，預料未來增長或更快速，更值得進取及年輕投資者留意。

筆者與業界友好在2017年成立亞洲金融科技師學會，舉辦金融科技師專業認證課程，透過不同類型活動接觸許多金融科技人才及企業，不但擴展筆者視野，也增強投資於科技的信心及觸覺，截至2020年底，筆者管理的中港投資組合表現錄得平均46％年回報（圖表1.13），優於同期恒指及國指的表現，不言而喻，也為一例。

圖表1.13 中港投資組合十大持股

股份編號	股份名稱	比例
0700.HK	騰訊	9.5%
2359.HK	藥明康德	8.1%
9618.HK	京東	5.7%
1801.HK	信達生物	4.9%
9988.HK	阿里巴巴	4.6%
1833.HK	平安好醫生	3.6%
2269.HK	藥明生物	3.6%
2319.HK	蒙牛	3.4%
1268.HK	美東汽車	2.9%
0636.HK	嘉里物流	2.7%

資料來源：東驥基金財富管理／東驥基金研究部

疫情下加速汰舊壯新

美國利用美元及其金融地位控制全球，洗黑錢及資金流向等均被美國監控，或要求環球各國協助監控，若不符合其標準，制裁及法律行動等便接踵而至，金融機構被美國懲罰的案例多不勝數；即使2020年針對香港及內地人員的制裁方法包括可能凍結他們於外國設立的銀行賬戶或相關資金、不獲美國簽證等，這屬微觀及影響有限，與監控金融機構及國家層面的嚴重性相距甚遙。

SWIFT為國際合作組織，擁有世界級的金融布紋網絡，為環球銀行及金融機構提供標準化、安全及可信賴的通道與同業交換消息，以完成各

種金融票據交易及清算工作，目前這服務已遍布全球200多個國家及地區，達1.1萬家金融機構使用，但因這些系統非常依賴現有的銀行系統才可完成交易，故其安全、效率及速度等可能出問題，甚至跟不上科技潮流和趨勢，如SWIFT曾在2015至2016年被黑客攻擊。

區塊鏈勢取代SWIFT

隨著現時區塊鏈等訊息技術發展神速，大大改善安全及速度等方面，將來應可取代SWIFT地位，況且區塊鏈不需要中介機構便可轉移價值，也可提供額外的交易方式，再不需要依賴現有的銀行系統，不但有助減省人手和實施半自動化流程，未來亦可加快結算速度及技術成本，預料未來尚有三分之二人口仍未設有銀行賬戶，相信區塊鏈技術日漸冒起勢將加快未來去美元化及削弱美國操控全球金融領域的能力。

現今數碼浪潮澎湃，Bitcoin等逐漸代替黃金及美元等，如2020年Bitcoin最低位為8,000美元，至12月更創下新高至40,000美元，累升不少，並成為另類投資或逐漸供某些渠道用作付款，雖然暫時仍微不足道，但現時許多國家如中國已研究採用數碼貨幣，完全不需倚賴傳統貨幣進行交易，倘若美國強行利用金融戰或資本戰，勢將加速逼使中國離開美元區，人民幣或成為繼歐元後第三種全球流通的貨幣，配合內地貨幣數碼化速度提升，相信未來有機會三分天下、鼎足而立，美國絕不樂見！

相信讀者們應注意到或已投資於與支付相關的科技股，皆因許多中美科技巨企如Uber、Facebook、美團或小米(1810.HK)等均透過收購此類別企業發展金融業務，冀望逐步發展成為像螞蟻集團般，進軍龐大的科技金融／金融科技市場，長遠地不利傳統銀行股價及盈利。

把握科技大勢所趨

科技急速發展早已影響人們衣食住行及各行各業，倘若沒有Uber或嘀嘀出行，或許多時候不太容易找到出租車；網上超市早已出售日常生活和食品等，包括亞馬遜收購Foodmart、騰訊投資永輝超市及阿里巴巴成立盒馬新鮮等，結果成績斐然，尤其是2020年新冠肺炎發揮極大作用，據悉盒馬新鮮業務實在太凌厲，一時應付不下，唯有爭聘人手；香港地方則較少，地鐵亦非常方便，似乎不太依賴這些企業。

猶記得阿里巴巴收購餓了麼，騰訊亦投資於美團及唯品會等，科技逐步擾亂不同行業，企業及消費者亦開始透過體驗及了解運作模式，發現許多優點，如他們可在網上選購的貨品較實體店為佳，與線下實體店互相配合，貨品還可於短時間送到府上，不滿意可於指定時間內退回，否則，便出現「貨物出門、恕不退換」問題，在家中試穿衣服或享受美食更舒適、自在，又不需趕時間；隨著不斷使用和明白科技帶來的好處，市民愈來愈愛上這新運作模式，配合VR及AR技術等，體驗愈來愈佳，逐漸演變成為習慣，既改不了、也不能改，畢竟此乃客戶夢寐以求的東西！

儘管新冠疫症仍然困擾人們，卻加速科技改變下列行業：

1. 醫療護理：許多病人因發燒或其他普通病需要醫生治理或購買藥物，香港較小，非常容易看醫生，其他地方便可於網上看醫生及購買藥物，亦非常方便和快速，較嚴重或需要其他診斷才到診所或醫院看病，新冠疫症引致封城及民眾不敢外出，勢必加速網上或線上購買藥物、醫療或相關服務發展，這也解釋平安好醫生（1833.HK）及阿里健康（0241.HK）股價從2020年初不斷飆升的底蘊，其問診程式新註冊用戶量在2020年春節前後較1月1日至21日激增10倍，從1月20日至2月10日，平台訪問人次達11.1億；京東健康（6618.HK）在2020年第4季上市，其股價曾倍升至198港元高位，還有騰訊旗下微醫亦快馬加鞭，預計於2021年上市。

早前新冠肺炎在國內不斷蔓延，引致多個省市封城，全國上下一起全力以赴面對疫情，由於各方協調非常複雜和繁多，更必須掌握即時和準確資訊，武漢利用高科技防疫，在各人的手機微信裡安裝「武漢微鄰里小程序」及以實名登記，程式通過衛星定位確定家庭隔離地址，通過地址鎖定所屬的社區組織，再鎖定相關的志願者或社會服務者，今後民眾的社會活動、相關資訊/通告將透過系統發放，建立溝通橋樑。

若某市民發燒，便可立即透過系統申報病情，系統隨即提供網絡診斷、衛星定位和登記隔離位置，如真的需要就醫，所屬社區通過志願者安排車輛把患者送到醫院，同時利用系統跟蹤病情進展、住院、回家休養或死去等，志願者亦安排消毒人員定期上門按不同標準消毒，非常有效率。

另一例子為加拿大環球健康監察平台BlueDot，這平台透過人工智能（AI）能夠每天分析全球65種語言的10萬篇傳媒報道、各地動植物疾病網絡、航空公司機位數據和官方資訊等，加上當地氣候、溫度、甚至動物的生活環境，藉此預測和偵測逾百種潛在傳染病爆發，然後提供予公司客戶，包括政府、相關業界、公共衛生機構、航空公司和受影響地區的醫院等。

BlueDot在寨卡病毒於佛羅里達州傳播前6個月已發出警報，在新冠肺炎事件上，該公司透過機位數據，準確預測病毒將迅速地擴散至曼谷、東京、台北和首爾等城市，該公司指出不可以完全依靠政府提供的資訊，他們利用AI系統每15分鐘分析資料一次，並可找出突發的新聞報道、論壇貼紙或博客文章等，須知網上平台和論壇顯示

疫情會否爆發和是否導致公眾憂慮的指標之一，還可以反映異常情況或相關的蛛絲馬跡。

2. 保險服務：各位可考慮於網上購買保險，大部份人因新冠疫症而留家中工作（Work From Home, WFH），盡量減少與別人接觸，以免被傳染或傳染他人，人們或許對網上提供的相關保險產品感興趣，不少保險公司隨即推出包含肺炎等病症醫療保險，倘若部份人不幸因感染此病而不能工作、甚至必須隔離，相關的醫療費用可能十分昂貴，當人們感到或實質地需要保險服務時，便可立即在網上購買，繼而透過網上索償，足不出戶，當然大家只想「求安心」，卻非真的需要使用保險單，網上保險股份如2020年10月底在美國上市的陸金所(LU.US)、在港上市的眾安在線（6060.HK)等均受惠於此趨勢。

3a. 資訊科技：隨著資訊科技發達，大大提升AI、SaaS、大數據、雲服務、雲計算、量子計算等速度及容量，許多研究、分析及服務等加快及更精準，如微盟（2013.HK）、有贊（8083.HK）及明源雲（0909.HK）等不勝枚舉，WHF、WFA等因新冠疫情大幅增加。

3b. 資訊愈集中、愈要求可靠：媒體和全球智能化及科技化帶來連串重大問題，令情感、暴力及仇恨急速擴散，科技革命為人類帶來深刻和驟然的變化，為人類創造全新的空間，需要重新審視和參與制定規則，可惜新規則尚未完全建立前，新技術革命帶來多方面失衡，假消費者及網上騙子充斥，最終為引以為傲的民主體制帶來不穩定性，甚至嚴重撕裂；未來的虛擬貨幣勢將影響各國經濟主權，現時

中國及歐洲等已研究何時推出數碼貨幣稅，更激化階級與意識形態
等矛盾。

3c. 雲服務：2020年騰訊雲受疫情影響，國內在家辦公需求暴增，香港
亦然，從1月29日至2月6日，騰訊會議（雲視頻會議服務）每天均
進行資源擴客，8日內總共擴容超過10萬台雲主機，投入的計算資
源超過100萬核，對騰訊及相關互聯網數據中心的需求大增，同時
刺激在美國上市的Zoom（ZM.US）利潤和股價上升數倍，李嘉誠的
財富因而累增不少。

4. 教育：教育本屬規管非常嚴格的行業之一，隨著平板電腦及科技發
展，許多學校早已利用科技協助及支援教育，配合新冠疫症及社會
運動事件等，正好刺激發展加快一年，企業或學校也利用網上授課
／培訓也愈來愈普及，難怪國內進行網上教育的企業股價亦不斷創
新高，預料相關龍頭股如東方教育（0667.HK）等中長期應不斷受
惠。

1.2
新經濟的
成功思維

無論新舊經濟企業均必須有以下特點，一家成功的企業透過「知、明、喜、行、慣」建立持份者如消費者、員工、政府或投資者等信心：

- 知：消費者或投資者知悉該企業
- 明：明白企業運作和發展，並逐漸建立信心
- 喜：喜歡該企業的服務／產品、領導層及企業定位
- 行：行動支持（成為投資者、再成為客戶、發出牌照、資助等）
- 慣：習慣地不斷使用，並推薦予別人

圖表 1.21 左右圈理論 The Left-Right Circles Theory

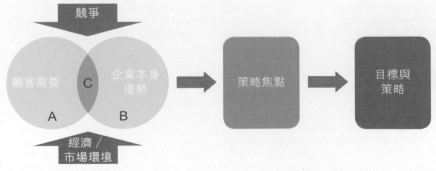

資料來源：香港中文大學 EMBA Programme 陳志輝教授創立的左右圈理論

新經濟企業以科技業為首，利用科技應用於各行各業，以金融業為例，造成科技金融（TechFin），科技才有機會可以客觀地改良各行業；新經濟的思維首先著重企業架構及採取全體員工股份制，為企業創造無限動力，即每位員工皆持有企業股份，管理層及創新、創意最佳的部門及員工更可享有同股不同權等待遇，凝聚歸屬感，令企業上下一心及目標一致，員工紛紛為企業全力以赴、加強合作及為公司設想，大大提高成功機會。

現時幾乎所有新經濟企業的管理層及員工皆以股份作為獎勵，所有員工皆為股東，因而希望利潤最大化，若業績理想，除企業利潤及股價／估值上升外，員工亦可因持有股權而獲得股息及花紅雙重收入，員工更積極為企業拼搏，也進一步吸引更多人才加入新經濟企業。

人才

以此制度應用於基金管理行業為例，員工與基金公司上下一心，推動員工更盡力協助基金爭取佳績，全球著名的量化交易基金公司Renaissance Technologies（文藝復興科技公司）的創辦人Jim Simons是一位在紐約石溪大學任教的數學家，在1982年成立時便具創意地制定公司規則，首先像科技企業般，所有員工均持有該公司股份，如員工離開公司，他便需於5年內逐步減持已投資自己公司的基金，讓出位置予未來新加入的人才及同事投資，成為員工及獲得批准後才可投資於自己公司旗下基金的資格，基金名稱為Medallion，規模約150億美元，大大激發員工進取心和團結，更容易招攬天下人才，當全球基金經理在1980、1990

年代均苦心鑽研企業年報或與上市企業管理層會面，Jim Simons已率先完全利用電腦AI作出投資決定，令公司及基金表現非常突出。

現時旗下基金已不再接受新客戶，從1988年起未曾出現虧損，每年平均錄得約39％增長；此基金曾在2000年上升98.5％，也分別於2008年金融海嘯期間及2020年上升82.4％及76％，全部回報已扣除昂貴的36％表現費及5％認購費，此基金長期及每年平均表現優於巴菲特、索羅斯及橋水Ray Dalio等，果然「高手中高手」！

據悉全世界頂尖數學及IT專才、博士畢業後均欲加入此基金公司工作，一如全球頂尖工程師欲加入Tesla或者Space X等般，可見人才之戰外，還有資金之戰！

新經濟管理先驅 Dr Roberty Frey 早於 1980 年代以此模式成立 Renaissance Technologies，筆者曾於 2010 年陪同他到內地尋找新經濟發展機會，前排中二位分別是 Dr Frey 及中國證監會首屆主席劉鴻裕。

定位清晰　高透明度

現時成功的科技或新經濟企業在創立之初定位非常清晰，目標明確，管理團隊擁有環境、社會和企業管治（ESG）等概念及理想，協助企業發展及集資，亦具有領導能力、說服力、執行能力等，面對各式各樣困難和挑戰，繼而透過不同形式集資及上市，令所有員工、投資者、甚至客戶均非常了解及明白其業務、定位、發展速度，增強信心及提高透明度，聯繫持份者一起努力及全速前進，銳不可擋，只要業務發展符合預期，例如收入增長、市佔率等發展良好，即使缺乏盈利，其股價／估值仍可不斷上升及持續地增長，當遇到某些突發事件如新冠肺炎、政策風險如反壟斷及公平競爭法等影響，相信團隊應能面對、解決及再前行。

資金

以電動汽車生產商 Tesla（TSLA.US）近年來成為行業後起之秀為例，以環保為定位，十分清晰，其投資者可以同時購買其產品及股票，客戶先付訂金，日後才運送產品，Tesla 竟可在不斷虧損及缺乏盈利下發債，更獲保守的債券投資者支持，股、債投資者對 Tesla 充滿信心此乃重要里程碑，當投資者喜歡及相信某家企業時，便不斷在各方面支持及逐漸形成慣性。

還有 Alphabet（GOOGL.US）在 2020 年發行 5 年期債券，息率為 0.45％，資金成本極便宜，許多舊經濟企業遠遠比不上此優勢。

許多美國科技巨企利用這些極便宜資金併購或回購其自身股份，當盈利及股價走俏時，股價便迅速地水漲船高，尤其是在2020/21極低息年代，如2021年1月份騰訊（0700.HK）發行50億美元5年期債券，為倫敦同業拆息（LIBOR）加0.85%，籌集所得資金將增加收購前景亮麗的初創企業股權之力度，冀望進一步拓展業務版圖，騰訊亦於2020年12月行使購股權，額外收購環球音樂10%股權，持股比重增加至20%，日後或收購美國及南韓遊戲項目。

現時政府、大學及社會不斷推出政策和提供資金支持新經濟或科技企業發展，配合容許缺乏盈利或同股不同權等申請上市集資，發揮創新科技力量及締造新經濟發展的良機，即使新冠疫情原屬不利事件，卻為新經濟企業增添動力，預計未來發展無可限量；即使疫苗面世，也絕不影響新經濟大洪流，中長線更找不到頂峰何在！

經歷多年發展，許多新經濟企業堪稱富可敵國，獨據一方，滲透及擾亂眾多行業，或甚至可以威脅或影響政府，如最近選舉訊息等如何披露？如何下架？或如何加入標籤？這些訊息均可能影響現有政權或社會穩定性，因此政府或制定限制科技企業獨大及公平性競爭等措施和法規，因而影響新經濟的生態環境及股價／估值，無論投資於新或舊經濟企業，必須深入了解兩者在各方面的差異，才能準確地投資及接受波動，日後才有機會成大器及大幅獲利。如近期螞蟻集團上市暫停及國家市場監管總局發布「關於平台經濟領域的反壟斷指南──徵求意見稿」，要求金融部份必須按照金融法例監管，中國的新經濟股立即應聲大挫，各位必須留意，作出適當的風險管理，如控制投資金額。

圖表 1.22 新經濟企業架構管理優勢

項目	新經濟	舊經濟
科技應用	以科技為首，如科技金融（Techfin）	以科技服務現有行業，如金融科技（Fintech）、數碼化（Digitalization）
管理模式	a. 同股不同權； b. 所有員工明白企業遠景、使命、文化； c. 每位員工均為股東； d. 每位員工可主動提供意見； e. 企業架構偏平坦； f. 政府支持（特事特辦）	a. 沒有同股不同權； b. 只有高層或部份員工明白企業遠景、使命、文化； c. 只有高層或部份中層員工為股東； d. 每位員工可主動提供意見； e. 企業架構屬金字塔形； f. 政府一般做法
定位清晰	a. 針對客戶需要； b. 免費或支付便宜費用； c. 重視關鍵績效指標（KPI），有助降低費用，再做更大； d. 成為行業領導者後擴展/擾亂其他不同行業； e. 先論長遠發展、市佔率、後獲利	a. 一邊學習、一邊做，以了解哪類型客戶適合某產品/服務； b. 客戶不能免費； c. 只有滿足現狀，自然增長； d. 行業式微受害者； e. 現有業務成為發展包袱，如柯達、Nokia等； f. 只可短期虧損
透明度	客戶、員工、投資者、政府及監管機構等樂見高透明度	低透明度，尤其是對員工及客戶
信心	開始建立客戶、員工、投資者、政府及監管機構等信心	長久地建立後才可能建立信心
盈利	短期盈利不重要，發展按進度或超預期	錄得盈利才可吸引投資者
資本	a. 依靠自己或第三方投資者； b. 以資本加速擴充、併購； c. 先行籌集資金發展，才有ABC輪集資過程（PE基金及投資者各取所需）； d. 錄得收入及增長、沒有盈利，利用上市集資或發債，PE基金可退出	a. 主要依靠自己或第三方投資者； b. 以自然增長擴充、併購； c. 沒有同股不同權，接受管理層經驗等於多少股本； d. 沒有盈利便不能上市
領導層	a. 吸引投資者以民主黨或愛好自由人士居多； b. 專注，清晰目標/理想； c. 求變 （人無我有、人有我優） d. 大大的心/大格局	a. 與共和黨喜好及定位相同； b. 以維生為目標； c. 被動； d. 小小的心/小格局

圖表 1.23 新舊經濟企業的分別

新經濟股份	舊經濟股份
做大、降低成本,先發展爭取市佔率	先生存、後發展
透過不斷創新,擾亂傳統行業	少量修改,背負龐大舊包袱
沒有周期性	周期性
增長型(較少競爭者及創新),跨行業	價值型、派息型
股價因不斷增長而不知頂位在何	股價預設頂位
長線投資像快慢牛市,一浪高於一浪	中線跟隨周期投資——熊、牛市交替
創新模式/管理及企業不斷學習	保守/穩健
完全/長期不收取客戶費用	只能短期免費
尚有其他收入/盈利來源(邊際利潤較高)	競爭愈益激烈,毛利率下跌
成本不斷降低,量亦愈來愈大,茁壯成長	成本上升,業務逐漸收縮
不會製造通脹	製造通脹
收購合併:有新增長動力,母憑子貴	被收購或淘汰、私有化
例子:小米/騰訊/FB、阿里巴巴/亞馬遜/京東、美團/餓了麼	利豐(從藍籌股到私有化)

1.3
科技巨企
染指範圍廣

美國最龐大的科技巨企大部份均已晉身為標普500十大股份,其科技及技術已非常成熟,不但保持增長穩定,而且尚未見頂、估值又合理,部分股份如蘋果(AAPL.US)及微軟(MSFT.US)等股價不斷上升和保持派息。

除於自身的專長繼續創新外,這些科技巨企更不斷利用科技專長擴展至傳統及不同嶄新領域或行業,收入、增長、盈利、護城河及股價均不斷上升,其收入或盈利主要集中下列三方面:

1. 廣告收入:新冠肺炎逼使人們在家工作、消費及網上購物等,餐飲外賣或快遞送件,眾多企業因而選擇在網上推出數碼廣告,尤其是中小型企業,其優勝原因如下:

    a. 成本相對地便宜;
    b. 非常具針對性及效果顯著;
    c. 不需投放太多時間或資源設計廣告;
    d. 不僅可直接與用戶接觸,更可直達有需要之客戶群。

隨著蘋果手機普及化，取代部份電腦功能，估計2020年約半數廣告為數碼廣告，金額達1,100.1億美元，餘下為傳統媒體廣告，如電視、電台、報章雜誌等；2021年估計數碼經濟增長12%，至1,300億美元，在這佔50%的數碼廣告，Alphabe(GOOGL.US)旗下Google佔據最大份額，約29.8%，其次Facebook(FB.US)佔23.5%、亞馬遜(AMZN.US)佔10.2%及微軟佔3.6%，其他數碼廣告約佔32.9%。

2. 直接收入：包括賣產品賣服務等，如蘋果出售手機、手提電腦、手錶、iPad等，微軟、亞馬遜旗下雲服務收入分別針對大型企業和中小企的雲服務收入。

3. 平台收入：如Google平台分享App收入30%作為佣金，在亞馬遜平台出售產品需收費等。

企業掌握價值鏈

隨著這些科技巨企逐漸衝擊各行各業，他們利用自身豐厚資源建立龐大團隊，如亞馬遜自行設立物流公司，不需依靠第三方；其他中美科技巨頭自行設計或生產晶片，藉以配合其獨特要求、提升效率及降低成本等。

以AI、雲服務及無人駕駛汽車等晶片均不屬AMD(AMD.US)、Nvidia(NVDA.US)等生產商為例，令眾多行業備受科技巨企衝擊，他們互相摩擦或競爭層面愈來愈多和廣泛，除政府及普羅市民皆感受到，業界也爭相盡快推出市場及追求優質服務或產品，故投資者如何在千變萬化的遊戲規則下繼續成為贏家才最重要。

1.4
新經濟股
是否已見頂？

近期不少投資者紛紛問道：「新經濟股是否已見頂？天花板已現？」從短期走勢而論，頂點確已呈現，也必須視乎事態發展；中長期則尚未見頂，除非中美政府欲扼殺科技發展，但在中美科技競爭劇烈下，此機會較微。

料進一步約束新經濟巨企

此源於全球主要國家尤其是中國、美國、歐洲及澳洲等分別對該國科技巨企進行反壟斷或不公平競爭控訴，歐洲更向這些科技巨企罰款及宣布徵收數碼稅，美國其中10個州份指控Google壟斷，面對Google網上廣告數額被Facebook（FB.US）直逼接近，他們竟私下訂立秘密協議，Facebook的客戶在Google刊登廣告獲得優惠，Facebook亦協助打擊Google的競爭對手，但他們均否認此做法。

美國檢察長認為Google為美國一家非常龐大的科技巨企，竟公然濫用其壟斷力量，誘使Facebook高層簽訂以破壞競爭為核心的協議，除要求Google作出相關賠償外，更要求法院約束Google的行為，包括：要求推出結構性措施恢復市場公平競爭環境、甚至分拆其業務等，可見新經濟

企業發展限制可能增多，逐漸與傳統企業的管理模式類似，且看新經濟巨企如何應對和處理。

另一邊廂，Facebook 於多份報章刊登全版廣告（圖表 1.41），提出反對蘋果（AAPL.US）以保障私隱為理據收緊數據追蹤，令不少中小型企業包括 Facebook 未能追蹤客戶在 iPad 及 MacBook 等活動資料，因而未能製作個人化、精準及有效的廣告，十分影響廣告效果。

圖表 1.41 Facebook 於多份報章刊登的全版廣告

資料來源：《華爾街日報》

Facebook 與中小型企業團結一起，要求蘋果為中小型企業提供「生存空間」，蘋果早前稍稍讓步，暫時允許小型企業透過 Facebook、旅遊住宿租賃平台 Airbnb 及健身課程訂購平台 ClassPass 等進行在線直播，至2020年底才收取其30%收入作為佣金，減緩中小企因新冠疫情之影響，但 Facebook 似乎不太滿足這少許讓步。

另一例子為騰訊（0700.HK）持股的熱門遊戲「要塞英雄」（Fortnite），其開發商 Epic Games 試圖避開蘋果旗下 Apple Store 和 Google Play 抽佣制度，後因不成功而被逼下架。

在「大到不能倒」前做好監管

隨著這些科技巨企逐漸擾亂各行各業，他們利用自身豐厚資源建立龐大團隊，如亞馬遜（AMZN.US）自行設立物流公司，不需依靠第三方，還可控制成本及提升效益。

其他中美科技巨企自行設計或生產晶片，藉以配合其獨特要求、提高效率及降低成本等，如 AI、雲服務及無人駕駛汽車等晶片均不屬 AMD（AMD.US）、Nvidia（NVDA.US）等產品，須知其產品未必一定為上述功能專門製造，隨著 Google、微軟（MSFT.US）及亞馬遜等業務改變或發展，晶片業的生態系統不斷演化及調整，晶片製造商亦可因應第三者設計品製作或生產，更逼使科技巨企自行設計晶片。

近年來眾多行業備受科技巨企衝擊，他們互相摩擦或競爭層面愈來愈多和廣泛，除政府及普羅市民皆感受到外，業界也爭相追求優質服務或產品，故投資者如何在千變萬化的遊戲規則下繼續成為贏家才最重要。

Tesla（TSLA.US）成功拓展電動車，許多中國大型企業旋即跟風，據悉蘋果快將加入戰線。

各位可從中窺視各大新經濟企業均被拖後腿，新經濟股股價未能再次大幅颷升兩大原因如下：

1. 政府憂慮新經濟巨企過份膨脹，既威脅政府管治威信，也十分容易樹大招風，必須作出調節及設定有效機制，容許新競爭者加入，為未來市場更具效率和創意奠下基礎；

2. 當美國或中國新經濟巨企愈來愈龐大，這些巨企涉足各行各業，目前數據主導一切，政府勢將增加監管數據力度，但必然拖延未來發展速度，預計日後增長仍不俗，加強監管只為科技及新經濟行業「行得穩及走得更遠」。

政府及普羅大眾現已不能缺少這些新經濟巨企提供的服務或產品，若不再設限，這些巨企便「大到不能倒」，怪不得國內政府制訂社區團購「九不得」規則。這都只是冰山一角而已。

上述原因已導致2020年底不少中美新經濟巨企股價調整，如Google母公司Alphabet（GOOGL.US）股價受壓，也大幅落後於其他科技巨企，2020年Alphabet股價只上升27.11%，市場一直乘壞消息之機購入，各位宜留意最壞的消息於何時發酵，屆時可考慮入市。

各位宜短線避開新經濟巨企，並投資於二、三線新經濟股及內循環企業為佳，「槍打出頭馬」，其次為新能源及半新股，在部份新經濟巨企支持下，預計與科技巨企合作的二、三線新經濟企業之成功率及速度大大提升。

1.5
舊經濟
也能變「新」

美國實體零售商龍頭沃爾瑪（Walmart, WMT.US）在2020年11月17日公布其第三季業績，盈利400.5億港元（51.35億美元），按年增長56.2%，每股盈利1.8美元，經調整後每股盈利1.34美元，優於預期，主要受惠於疫情在家工作或上課等因素，消費者改變購物習慣，刺激零售商業務大增，沃爾瑪更積極開拓網上銷售，季度網上營業額按年急升79%！沃爾瑪行政總裁認為透過互聯網購物的消費行為將持續下去。

圖表1.51　美國三大龍頭零售商大比拼

重點比較	沃爾碼（Walmart）	亞馬遜（Amazon）	Costco
1. 渠道（I）	95%線下、5%線上	100%線上	線下為主，亦設有線上銷售
2. 渠道（II）	線上增建79%，非常理想，但出現利潤率下降壓力	徵收金牌（Prime）會員費用，享受多種服務，如快速送貨、收看線上影音、使用藍芽智慧家電Alexa等	徵收會員費，不收取便影響收入，甚至多賠錢，依靠會員費用支持盈利
3. 股價	估值便宜，股利配息率38%及ROE 20%	估值昂貴，本益比96.41	估值便宜，股利配息率27%及ROE 17.8%
4. 定位	價格便宜及規模最大，昔日利用價格戰成長	全球最大的網上商店，現已發展至醫藥	批發價、倉庫本質，經濟俱樂部
5. 身份	美國舊經濟最大僱主	美國新經濟最大僱主	非常集中於某一類客戶
6. 成本控制	血汗錢，員工加薪困難、影響較大	員工眾多，逐漸出現加薪困難	增加會費視乎會員人數能否增加

資料來源：東驥基金研究部

沃爾瑪創立於1962年，其創辦人Sam Walton更成立會員制Sam's Club，專攻會員制整批採購，在美國及中國無人不曉，Sam Walton更在1982至1988年晉身美國富豪首位，畢竟過去企業發展非常良好，勝利竟衝昏了頭腦，亦沒有形成企業危機感，錯過轉型良機。

直至2010年才醒覺，隨即成立Walmart.com部門，聘請主攻電商部門行

政總裁，負責開始研究協助沃爾瑪開拓網上銷售，初時傳統的管理層負責處理其電商服務，不但發展未如理想，對手亞馬遜更早已在2000年籌建電商王國，在互聯網世界領先沃爾瑪10年，沃爾瑪電商業務根本難以匹敵，最後痛定思痛，逼使沃爾瑪於2016年以天價33億美元收購 Marc Lore 旗下 Jet.com 整個團隊。

Marc Lore 團隊配合沃爾瑪客戶基礎雄厚及整體服務非常堅實，而且收購的電商獨立營運，沒有舊經濟框架，故直接針對客戶所需，但沃爾瑪亦明白自身的電商業務缺乏有效的商業化模式及技術，如何提升電商國際化及年輕化頗為關鍵，因而不斷利用併購及自身發展急起直追。

早前盛傳與甲骨文合作打敗對手微軟（MSFT.US），以大熱門姿態取得入股 Tik Tok 20%股權，雖然沃爾瑪只佔7.5%，但從中窺視沃爾瑪的進取性，欲與 Tik Tok 達成商業協議，並將提供電子商務、支付和其他方面服務，Tik Tok 既為社交網站、也為廣告展示平台，沃爾瑪可利用此平台推廣及促銷其產品及服務，現時沃爾瑪每天只有150萬人光顧，日後有機會接觸幾千萬名年輕 Tik Tok 用戶，況且 Tik Tok 在中國乃緊隨阿里巴巴（9988.HK）後的第二大電子廣告商，較百度（BIDU.US）及騰訊（0700.HK）相關收入更高，即使不成功，相信沃爾碼將另覓類似 Tik Tok 新經濟企業合作，須知沃爾碼亦為一眾新經濟企業後起之秀爭相追求的最理想合作夥伴及最佳選擇之一。

倘若此收購成功，沃爾瑪在中國發展亦像其美國業務般無可限量，須知其線下實體店網絡已非常成熟，再配合線上布局或有機會威脅阿里巴巴之電商領導地位。

出售舊經濟投資

其他海外市場發展方面，沃爾瑪在2018年收購印度最大的電商Flipkart
控股權77%，顯示沃爾瑪在海外尤其是新興市場實力絕不能小覷；在
2020年9月1日推出會員免費送貨服務，只需每月付12.95美元或每年
98美元便可享受此優惠，在疫情下反應十分熱烈；2020年5月宣布停
用Jet的名稱，並整合至Walmart品牌旗下，不斷增強科技技術，旨在改
善服務及提升客戶體驗，增加客戶的購買意欲。

除擁抱新經濟外，2020年第4季分別出售三項海外舊經濟投資，包括以
16億美元出售東京的Seivu GK股權，只剩下15%。

倘若沃爾瑪真的成為Tik Tok或其他類似業務的新經濟企業股東或主要
合作夥伴之一，勢將加快沃爾瑪業務國際化及年輕化，再引進嶄新技
術、配合大數據及人工智能等，應有助沃爾瑪業務騰飛，預計未來股價
將隨著收入不斷擴大、盈利增長及公司估值有機會逐步攀升，各位千萬
不要錯過。

各位不妨參考部份新、舊經濟企業在2020年因新冠疫情影響之例子：

1. Victoria's Secret 宣布破產；

2. Zara 關閉 1,200 店舖；

3. La Chapelle 退出 4,391 門市；

4. Patek Philippe 宣布停產；

5. Rolex 宣布停產；

6. 全球奢侈品行業顯得委靡不振；

7. Nike 籌組 230 億美元為第二期裁員作出準備；

8. Gold's gym 黃金體育館宣布破產；

9. AirBnb 創辦人表示 12 年來努力在 6 周內因新冠肺炎而被摧毀；

10. Starbucks 也宣布暫時關閉 400 店舖；

11. WeWork 不再成為焦點所在。

下列為美國經濟情況：

1. Nissan Motor Co. 可能關閉美國生產線；

2. 全球最大的汽車出租公司 Hertz 申請破產；

3. 全球最大的貨車製造商 Comcar 申請破產；

4. 歷史最悠久的零售商 JC Penny 申請破產；

5. 全球最大的投資者巴菲特兩個月虧損 500 億美元；

6. 全球最大的投資公司 BlackRock 反映全球經濟災難，他們管理逾 7 萬億元；

7. 美國最大的商場 Mall of America 停止償還按揭還款；

8. 全球著名的航空公司 Emirates 裁減 30% 員工；

9. 美國聯儲局不斷發鈔支撐經濟；

10. 預測約12,000-15,000零售店在2020年關閉；下列大型零售商（部份）已宣布關閉：

- J. Crew
- Victoria's Secret
- Forever 21
- Walgreens
- Pier 1 Imports
- Papyrus
- Destination Maternity
- A.C. Moore
- Bose
- Olympia Sports
- Specialty Cafe & Bakery，還有許多……

- Gap
- Bath & Body Works
- Sears
- GameStop
- Nordstrom
- Chico's
- Modell's
- Macy's
- Art Van Furniture
- K Mart

德國汽車龍頭錯失電動車浪潮

歷史不斷重演，眾多舊經濟佼佼者因過去太成功而造成障礙，初時輕視新業務／技術發展或剛剛冒起的競爭者而觸礁，除零售商沃爾瑪犯錯外，如舊經濟企業欲轉型為新經濟，不但追不上、更未能與之匹敵。

德國號稱全球汽車強國，擁有許多著名的汽車品牌如平治、寶馬、大眾及旗下的奧迪、保時捷等，根本完全瞧不起當時虧損的 Tesla（TSLA.

US），更遑論與德國逾一個世紀的汽車製造經驗相比。

筆者曾於怡和集團旗下代理平治汽車的仁孚車行工作，其口號為「Build to Last」，不少德國新舊型號車輛仍在街上行走，見證其汽車製造技術及工藝精湛，令德國人覺得他們更懂車、更懂得造車，直至幾年前Telsa旗下Model 3出現，竟然在一周內獲30多萬顧客青睞，願意先行支付1,000美元訂購新車，還需等待一年以上，德國汽車業才如夢初醒。

Tesla居然膽大包天，宣布在德國格林海德市設廠，猶如直搗德國汽車龍頭的眉睫，總理麥克爾居然為Tesla開綠燈，或許她不滿德國汽車業龍頭心態，導致推進電動車發展緩慢，未能配合國家環保大藍圖，德國政府的取態大大增加德拉斯打入德國市場、甚至歐洲市場的勝算，德國、日本、美國等大型汽車製造商有見及此，唯有紛紛增資投資於電動車，冀望盡快追回時間及所錯失的機會。

全球大型汽車製造商電動車反擊戰

電動汽車市場競爭逐漸開始加劇，全球汽車製造商不斷投入大量資金研發電動車，包括：

1. 通用汽車（GM.US）決定增加投資金額35%，至270億美元，計劃擴大電池產量，並與南韓LG合作研發鈷含量鋰電池模組，可望提升續航能力，從現時400里延長至450里，2020年通用汽車股價共上升47.69%，目標為2023年全部生產電動車；

2. 德國福士（VOW3.EU）亦於未來5年投入研發資金逾20%，達730億歐元；

3. 日產汽車（7201.JP）計劃與一家美國初創貨車公司Hercules合作，致力發展電動貨車；

4. 盛傳蘋果（AAPL.US）與南韓現代汽車（005380.KS）合作製造智能汽車；

5. 騰訊（0700.HK）、百度及吉利（0175.HK）母公司合作研發無人駕駛車，成為軟、硬件及新、舊經濟結合的最鮮明例子，相信未來繼續出現類似例子，最後汰弱留強。

除上述龍頭企業花費研發外，電動車企業均伺機投資、兼併和合作，隨著電動車估值與傳統汽車製造商估值根本不可同日而語，電動車企業更容易集資及提升估值，缺乏盈利已容許發債，藉利用資本市場加速發展，故各大汽車製造商均兩手準備，不斷尋找併購機會。

且看哪些汽車製造商既面對傳統汽車的競爭，也能在增加投資於電動車等情況下如何控制成本及生存下去，許多基礎良好及實力雄厚的汽車製造商應可反擊，如是的話，未來必可利用其汽車製造工藝和經驗等協助電動車發展，在日後電動車場分一杯羹；預料傳統汽車製造商亦因發展電動車成功而逐漸增加相關的利潤佔比，屆時相信這些汽車製造商股價及估值隨之上升，投資者值得留意。

1.6
各國央行研推
數碼貨幣

不少央行研究數碼貨幣和冀望盡快推出，或恐怕FOMO（Fear OF Missing Out），愈遲推出數碼貨幣、愈加吃虧，故近期一眾央行首腦們開會，並發表針對數碼貨幣的初步報告，內容以推出數碼貨幣的一般規定或守則為主。

全球約20%央行希望於未來6年推出數碼貨幣，新冠肺炎觸發使用傳統貨幣時感覺不安全，因而加快研究數碼貨幣，其中尤以中國進度最快速及大幅領先，並已在國內數個大城市進行數碼貨幣測試，深圳更為「重中之重」。

深圳政府推數碼人民幣支付

深圳市政府利用非常聰明的方法提升市民數碼貨幣的體驗，人民銀行已在深圳市進行數碼人民幣使用測試，發放總值1,000萬數碼人民幣紅包，共191.38萬名市民作個人預約登記，5萬名市民抽籤獲得紅包；目前深圳逾3,300家商戶可使用數碼人民幣付款，涉及商場、超市、生活

服務、日用零售、餐飲消費等類型，如華潤萬家、沃爾瑪等商戶均可使用，深圳市民可利用這些數碼紅包購物、進行其他交易或及活動。

然而數碼支付未必一定使用數碼貨幣，還可利用信用卡及手機應用程式等形式進行，專家們紛紛認為數碼貨幣讓人們安心地使用，若持有數碼貨幣，人們便不需持有現金，也不需要存放於銀行；倘若數碼貨幣能夠自由地轉換及更著重安全性，人們便毋須把資金放於銀行，即使發生金融海嘯或新冠肺炎疫情等等嚴重事件，銀行不再發揮收集散戶存款的功能，記得以前恒生銀行的電視廣告，小存戶資金一點一滴地儲蓄起來，猶如水滴聚合成為小溪、河流聚合成為大海（大戶）、聚沙成塔。

若數碼貨幣真的面世，試問傳統銀行如何尋找這些穩定的存款作為資金，並供銀行進行借貸業務等？最終銀行只能從中央銀行及銀行間互相交易或借貸獲得資金，資金成本因而大增，部份人士提議或可限制數碼貨幣的數量，即與現時的銀行存款繼續並存，一些人士則認為使用數碼貨幣與信用卡等分別不大，或許私隱乃最大的誘因，各國央行卻必須嚴密監察洗黑錢等非法活動，兩者確實出現矛盾！如何取得平衡？

推數碼貨幣　勢影響美元地位

美國絕不希望推行數碼貨幣，美國早已制定監察美元走向、追查洗黑錢途徑及來源等系統，多年來行之有效，並同時利用美元制裁及懲罰個別國家、機構或個人。

若將來全球推出數碼貨幣及逐漸形成新風氣，美國必須重新建立監察全球數碼貨幣的系統，但屆時其他國家會否接受？同時美國必須保留監察現時美元或資金流向的系統，相信美國監察全球資金流的成本必然大增，美國會否把成本轉嫁於其他國家或金融機構？這些國家或金融機構是否同意？環球諸國及機構會否因此設法擺脫離美國的掣肘？新秩序勢將因科技提升而改變現有的生態系統，各位不妨拭目以待。

歸根結底，科技突飛猛進有助改善現時的支付系統效率，尤其是新冠疫情爆發後，更多人不欲使用無數人曾觸摸的貨幣，從公共衛生角度而言，盡快推出數碼貨幣則必然攻陷傳統金融業，如銀行等。

虛擬金融追擊傳統金融

一眾虛擬銀行及保險公司已逐漸揮軍傳統金融市場，年輕一代較容易接受其服務及模式，他們大多屬富二代或富三代，待日後傳承父母／家族財富後或自己積累財富，傳統銀行便頗為困難加入競爭行列，因此部份銀行率先進攻，如恒生銀行推出SimplyFund一站式基金投資服務，透過簡易操作的基金平台，只需港幣1元即可認購（買入）涵蓋環球、內地及香港基金組合，快捷方便，吸引年青人投資。

不少金融科技券商如在美國上市的富途證券（FUTU.US）及在港上市的耀才證券（1428.HK）等業績及股價均表現出色，在逆市下仍保持增長，如螞蟻集團IPO暫停上市，富途及耀才不收取任何費用、退回佣金及孖展的資金，可見這兩家券商實力及ESG表現優於其他競爭對手，尤其是傳統銀行。

1.7
虛擬銀行
威脅傳統銀行

眾所周知，香港乃國際金融中心，若進一步利用科技，將有助把握中國開放金融業的絕佳時機，最近不少外資企業已可擁有內地金融機構的控股權；如Master信用卡（MA.US）及Pay Pal（PYPL.US）等已獲得內地支付牌照，歐洲最大的支付商ADYEN（ADYEN.EU）已揮軍亞洲，欲整合亞洲分割的支付市場，金融科技或首先於大灣區發展，繼而推展至全中國。

數碼化提升服務質素

金融機構擁有非常龐大數據，且24小時操作營運，更不斷準確分析和協助作出判斷，幾乎全部必須加入人工智能及數據，如智慧投資顧問、智慧信貸、智慧風險分析、智慧理財規劃、智慧保險等，金融科技平台的服務不斷擴大、多元化及更精準，利用人工智能及大量數據分析，再配合雲計算，大大提升效率、個人化服務質素及適合性等，難怪最近香港已批出八家虛擬銀行牌照及三個虛擬保險牌照，強積金管理局亦推出積金易，筆者認為可稱為「虛擬強積金平台」。

多國相繼發出牌照

亞洲方面，台灣已發出未來銀行的牌照，新加坡亦跟著審批虛擬銀行牌照；歐美早已爭相發展虛擬銀行，其中英國虛擬銀行已佔銀行業務大約10%，將來年青的顧客群將伴隨虛擬銀行的發展而成長，逐步吸納客戶，若傳統銀行不進行大幅轉型，勢將面對客戶老化及流失等問題。故傳統銀行必須推行數碼化，虛擬及傳統金融機構均需要大量金融科技人才。

可惜香港非常缺乏金融科技人才，最早2017年只有中文大學、理工大學等已成立金融科技學系，隨後浸會大學、中文大學及科技大學等均設有碩士課程，2020年香港大學開設金融科技學系等，但金融科技的大學生們現時尚未畢業，可謂「遠水救不了近火」。如何獲得足夠的金融科技人才應付香港八家虛擬銀行、三家虛擬保險公司及其他亞洲國家等龐大需求？難怪他們開展業務較預期緩慢，缺乏人才乃其中一項重要因素。

以數據分析的人才為例，現在大部份人才來自於統計學畢業生，這是人工智能其中的重要專才之一；無論屬於金融或科技的專才，年青人可透過持續進修或專業認證等培訓，獲得金融科技師（CFT）或財務分析師（CFA）等資歷，成為金融科技專才，將為另一提供人才方法，若日後有機會被虛擬金融機構聘用，未來發展必定無可限量。

筆者相信金融及科技行業需要大量金融科技專業人才，預料這些虛擬金融機構將來應有機會上市，除努力工作可獲得高薪厚職或花紅外，

更可為年青人帶來股權激勵，類似目前科技公司的安排，若上市大部份骨幹成員擁有可觀的財富，大家可參考美國數家超大型科技企業的成功例子，它們早已帶動企業總部的相關地區財富及房地產價格飛升。中國尤以杭州及深圳最為耀眼，杭州為阿里巴巴及吉利等總部，深圳則為華為、騰訊等總部。

由此觀之，各位可看到因科技發展協助不少年青人可以提早創業或置業，不妨趁現時肺炎事件熱烘烘之際，既然減少上街及外出，最理想的方法為留在家裡乘機利用線上學習，增進知識及考取金融科技專業資格／認證，繼而參加線上考試，擁有新經濟科技知識便可逐步投資新經濟股，相信這為新冠肺炎下可作出的最佳準備，簡而言之，機會總留給作出準備的讀者。

當疫情過去後，相信不少企業紛紛欲追回過去損失的時間，必然加快發展，屆時各位已藉機充實自己及投資獲利，並準備充足迎接未來的大趨勢和大展鴻圖，各位可瀏覽香港金融科技師學會的網站：www.cftasia.org。

屬周期性的銀行股面對社會活動、疫情、低息、壞賬增加、經營環境欠佳等不利因素，歐美監管機構對金融業監管嚴厲，尤其是銀行業，並要求銀行擁有較佳的資本充足率面對未來風險，況且疫情可能逐漸恒常化，限制銀行的派息及回購政策等，令銀行股及其投資者雪上加霜。

經歷過新冠肺炎等強大催化劑下，銀行客戶的消費行為出現巨大變化，現時使用網上銀行服務的客戶愈來愈多，人工智能、大數據等隨之湧

現，銀行因而掌握更多數據和明白客戶的真正需要，現時傳統銀行既必須花費大量資源轉型，亦需同時維持傳統的銀行服務，面對成本及資本開支一起上升的挑戰。

虛擬銀行成本便宜及具競爭力

本港八家虛擬銀行逐漸威脅傳統銀行，尤其是年青客戶群，虛擬銀行的成本較便宜及具競爭力，且看全球最大的金融科技巨企——螞蟻集團再於何時上市，勢必推動銀行業全方位競爭更快降臨，相信短期「百業之母」銀行業待疫情受控及經濟漸漸恢復後才可重返正常水平。

利用金融科技的虛擬銀行藉疫情之機發展，現時人們生活規律、習慣和要求等發生重大轉變，許多市民在家工作，可利用這些時間思考未來人生及理財規劃，預料理財業務勢頭應良好，據悉美國及中國人民因疫情而被逼留在家中，加上減少消費及儲蓄上升，當中留連股海者甚眾，培養股壇新力軍，令股市成交額大增！

1.8
恒指須改革
配合新經濟騰飛

恒生指數公司在2020年5月18日公布有關恒指應否納入同股不同權企業及第二上市公司的諮詢結果。在逾90%回覆大幅度支持下，來自大中華區域（即香港、內地、澳門及台灣）之同股不同權企業及第二上市公司可以被納入恒指及恒生中國企業指數的選股範疇，相關股份如阿里巴巴（9988.HK）、美團（3690.HK）、小米（1810.HK），加上騰訊（0700.HK）便組成簡稱「ATMX」，相信2021年及未來仍有不少美國上市的中資股如拼多多（PDD.US）、嗶哩嗶哩（BILI.US）、百度（BAIDU.US）、汽車之家（ATHM.US）、華住集團（1179.HK）、再鼎醫藥（9688.HK）、中通快遞（2057.HK）等部署或已經來港上市，還有國內約227家獨角獸市值超越10億美元來港上市的潛力巨大，如2021年快手、滴滴出行、Tik Tok中國、曠視科技、商湯等均吸引眾多國際投資者參與。

2020年12月12日恒生指數更進一步提出重大改革建議諮詢文件，並於2021年3月1日將結果公布內容如下：

1. **擴大行業代表性**：把12行業歸納為7組，再挑選成份股，各行業組合目標覆蓋率如市場、成交量等；

2. 擴大市值覆蓋率：增加成份股數量至65-80隻，甚至可能100隻，市值覆蓋率從2020年之57.6%最多增加至78.2%；

3. 加快納入大型新股：取消成為藍籌股需要上市最少3-24個月不等之條件；

4. 保持港企代表性：維持香港企業佔成份股數目25隻；

5. 改善權重分布：成份股權重上限從10%下降至8%，第二上市或同股不同權成份股權重上限則從5%增加至8%，恒指首10位權重從2020年底64.1%下降至改革後約57.6%。

改革建議於2021年3月公布和落實，日後更多具代表性企業晉身恒指成份股，金融業比重隨之下降，未來恒指升幅可冀，不像過往備受金融股或舊經濟股拖累，對香港及全球投資者更具吸引力。

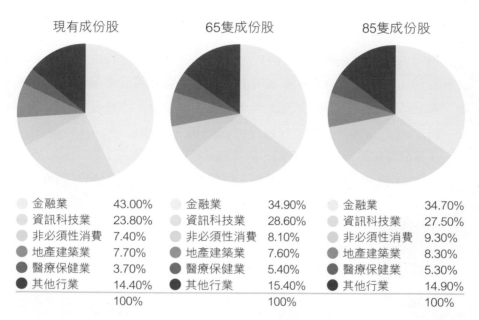

現有成份股		65隻成份股		85隻成份股	
金融業	43.00%	金融業	34.90%	金融業	34.70%
資訊科技業	23.80%	資訊科技業	28.60%	資訊科技業	27.50%
非必須性消費	7.40%	非必須性消費	8.10%	非必須性消費	9.30%
地產建築業	7.70%	地產建築業	7.60%	地產建築業	8.30%
醫療保健業	3.70%	醫療保健業	5.40%	醫療保健業	5.30%
其他行業	14.40%	其他行業	15.40%	其他行業	14.90%
	100%		100%		100%

註：其他行業包括公用事業、必需性消費、電訊業、綜合企業、能源業、工業、原材料

資料來源：恒指公司，數據截至 2020 年 12 月 4 日指數調整後

有危有機

此實為特朗普排斥中國之「德政」，為求圍堵中國，不斷推出各式各樣方法，並要求在美國上市的中資企業執行更嚴格及符合美國的會計制度，藉以加強監管，美國政府一直認為不少在美國上市的中國企業造假，如瑞幸咖啡（LK.US）！

鑑於數家中國最大的同股不同權企業市值猶如龐然巨物，故恒指增加下列兩項限制，藉以減緩像巨無霸般新經濟股因加入恒指而產生的震盪：

1. 所有大中華地區的同股不同權企業一股多票的股份將被視為非流通股份，第二上市的大中華企業市值只根據香港的股本部分計算，由存託人持有作為海外存託證券之相關香港股本，將被視為非流通股份，至2020年11月13日阿里巴巴在港上市市值達55,157億元、小米B股市值為5,852億元，但美團B股因在港第一上市，其市值達17,991億元，故恒指佔比最高，但目前一視同仁，最多只佔8%；

2. 該兩類企業的個別成分股在指數裡比重上限設定為5%，於2020年8月份起才先行加入小米及阿里巴巴，然後或一起把這幾家市值龐大的新經濟股加入恒指，減輕相關的震盪，相信未來為恒指推出更多重要改革。

傳統金融股比重減　利恒指上升

預料日後更多同股不同權的新經濟股加入恒指，勢必大大提升港股在全球市場的吸引力，屬周期性股份的金融股佔恒指比重必然大幅下降，應少於50%！此消彼長，未來新經濟增長型股份比重勢將加快，並超越周期性及舊經濟股份，將推動恒指上升空間的機會較大。

在一眾美國道指成份股中，愈來愈多老牌企業表現「一蟹不如一蟹」，如過去通用電器（GE.US）、現時跨國油企及波音飛機（BA.US）等，目前

全球十大市值企業中，大多已為科技股佔據，如蘋果電腦（AAPL.US）、亞馬遜（AMZN.US）等；因此恒指透過今次改革將為全球投資者締造嶄新的吸引力，須知各位投資於任何指數、基金或渠道均以未來的增值預期為目標。

傳統金融股、地產股、零售股等業務發展比不上不受地域或疆界影響的科技股或生化健康護理股中長期高速增長，長期持有者不但可以財務自由，更可以致富，尤其是處於零息年代，2021年1月22日美國10年期債息回升至1.115%，息率仍然非常低，債券價格卻已下跌，故投資者不得不持續增加投資於股市，環球各地新經濟股市值因不斷透過併購而膨脹，在資金充裕情況下從資本市場集資，繼而投資於不同類別的企業或行業，逐漸形成生態圈，盡量降低失敗率和提高成功機會，護城河更加牢不可破，各位的投資也隨之水漲船高。

同股不同權誘使更多創新創業

眾所周知，個人創業家利用同股不同權享受每1股等於10股投票權之權利，從前創業必須具備資金和經驗才有機會成功，現時創業者只需具創意和能力，便可四處尋找投資者實踐夢想，大學、政府及社會均提供不少扶持，可見兩者截然不同，雖然創業者持股量不多，但利用同股不同權和較少資金便可控制企業，除可全身投入創業夢外，並可依循自己的意念推進和發展，更具熱誠、衝勁和耐性，難怪香港在瑞士洛桑管理學院（IMD）公布2020數碼競爭力評級躍升3級，位居全球第五。

近期生化科技股獲容許沒有盈利的18章A（Chapter 18A）申請上市，在2020年共有60家國內健康護理企業來港上市，集資163億元人民幣，較2019年增加139%，標普中國健康護理指數上升32%，優於同期美國標普500健康護理指數上升9%；有助個人或創投基金集資或退出，資金流轉更靈活、更方便，新一代創業者非常幸福！

除自身發展或併購外，現時眾多科技巨企亦不斷投資於其他新創企業，涉及不同行業，過去投資包括：

1. 騰訊投資於美團、閱文（0772.HK）、眾安在線（6060.HK）、貓眼娛樂（1896.HK）、微盟（2013.HK）、計劃上市的微醫等，不勝枚舉；

2. 平保（2318.HK）持有平安好醫生（1833.HK）、陸金所（LU.US）（已於2020年10月底在美國上市）及一賬通（OCFT.US）等；

3. 阿里巴巴則持有阿里健康（0241.HK）、阿里電影（1060.HK）等，近期收購上市物流公司及瑞士奢侈品交易商Farfetch（FTCH.US）等，亦不遑多讓；

4. 京東（9618.HK）持有及分拆京東健康（6618.HK）、京東數碼、京東物流等。

許多被ATMXJ（J是指京東）投資的新創企業早已晉身獨角獸級別，如螞蟻集團曾為全球最大的金融科技企業，其市值曾急速膨脹至3,000億港元，短期需增加資本、風險管理、保護私隱、公平競爭、員工培訓及具監管意識等，以便符合新規定，勢必影響短期估值，但未來市值能否超

越其母企，還看國內監管力度及科技發展之平衡考慮，過去例子包括：

1. 軟庫及雅虎投資於阿里巴巴，後來雅虎才可出售阿里巴巴股份自救；

2. 利豐集團沒有投資於新經濟股，只好宣布私有化；

3. 美國PNC出售1995年以2.4億美元購入的22%當時創新的貝萊德金融集團股份，最終以170億美元全數成交，賬面升值逾70倍（不包括派息），單在2019年貝萊德派發4.59億美元股息予PNC，為當年購入價之一倍，所得資金將用於提升PNC銀行的競爭力和面對挑戰。

除ATMXJ外，預料更多科技巨企繼續利用同股不同權模式營運，2020年港交所（0388.HK）為接受同股不同權法團如個人創業家般提供諮詢，即每1股等於5股投票權之權利，但市場及基金界未能接受，因而暫緩推出，若未來再次推動，勢必吸引投資者傾盡全力利用其生態圈協助新創企業成功發展。

以2020年底在美國利用SPAC上市的DoorDash（DASH.US）及Airbnb（ABNB.US）創辦人為例，其同股不同權竟然高達1股等於20股投票權！所投資的新經濟企業更大可能蛻變為閃爍耀眼的「金蛋」，反而非常有利小股東。

1.9
中概股回歸
恒生科技指數可期

中美博奕持續，美國開展科技及金融戰，令更多在美上市的中概股回流香港及A股上市，並預料未來更多尚未上市的企業選擇來港上市，推動在港上市的企業質素和數量大增，尤其是新經濟股，加上恒指服務公司把握此機遇改革恒指及推出恒生科技指數，都利好新經濟股前景。

恒指更具代表性

早前恒指宣布大改革，未來可以加入第二上市及同股不同權的企業成為恒指成份股，當時立即引發市場憧憬，預料相關同股不同權公司（W股）及第二上市公司（S股）能於2020年9月及12月起晉身藍籌股行列。果然，9月份小米（1810.HK）及阿里巴巴（9988.HK）加入恒指，比重分別佔2.59%及5%；至11月13日宣布於12月7日加入美團（3690.HK），佔恒指5%，合共佔逾一成，當然包括騰訊（0700.HK）等，成為「ATMX」。

恒指同時剔除舊經濟股太古A（0019.HK），從當年33隻成份股中，只剩下中電（0002.HK）、煤氣（0003.HK）、滙控（0005.HK）及電能（0006.

HK），金融成份股佔恒指比重從45.9%下降至42%，尤以滙控最新佔比被下調至7.68%；恒指成份股數量不再限於50隻，故未來恒指更具投資價值。此外，恒生國企指數加入阿里健康（0241.HK）、中芯國際（0981.HK）、京東（9618.HK）及網易（9999.HK）。

圖表1.91 恒生指數比重一覽（截至2020年12月7日）

類別	比重 (%)	
	調整前	調整後
金融	45.9	42.0
地產	8.94	8.37
公用事業	3.82	3.50
工商	41.34	46.12
共：	100	100

資料來源：恒指服務公司

隨著相信更多中資股（尤其是科技股及新經濟股）陸續回流香港，一眾內地新經濟股如萬國數據、新東方、滴滴出行等快將或已來港上市，可惜螞蟻集團上市馬失前蹄，但更多新經濟股勢將被納入恒指，相關比重隨之上升，繼而逐漸取代目前佔比逾半的舊經濟股。

新經濟股稱霸恒指可期

據悉滴滴出行等將以A、H股同時發行，並於上海創科板及港交所主板上市，日後必定晉身恒指成份股，其佔比因屬第一上市而增加，市場預計2021年恒指旗下新經濟股有機會超越舊經濟股，應有助恒指擺脫過去逾10年「有波幅、無升幅」的歲月。

圖表 1.92 恒生指數改革

恒指公司模擬擴至80成分股概要				
行業分佈	55家		80家		潛在新貴或剔除股份
	成分股數目	權重	成分股數目	權重	
金融	11	40.30%	10	32.80%	剔除： 交行 (3328)、中行 (3988)、 中銀 (2388)、恒生 (0011)、 國壽 (2628)
諮詢科技	4	26.90%	10	28.60%	納入： 快手 (1024)、京東 (9618)、 網易 (9999)、中芯 (0981)
非必需性消費、必需性消費	11	10.40%	20	14.20%	納入： 比亞迪 (1211)、新東方 (9901)、 百勝中國 (9987)、華住酒店 (1179)、 李寧 (2331)、思摩爾 (6969)、 農夫山泉 (9633)、華潤啤酒 (0291)、 飛鶴 (6186)
地產建築	10	6.70%	12	6.20%	納入： 萬科 (2202)、恒大 (3333)、 融創 (1918)、太古地產 (1972)、 碧桂園服務 (6098)、龍光 (3380)
公用事業、電訊	6	5.50%	8	5.40%	納入： 中燃 (0384)、中廣核 (1866)、新奧 (2688)、龍源電力 (0916)、 粵海投資 (0270)、華潤燃氣 (1193)
醫療保健	3	4.60%	10	7.20%	納入： 京東健康 (6618)、藥明康得 (2359)、 翰森製藥 (3692)、百濟神州 (6160)、 復星醫藥 (2196)、平安好醫生 (1833)、 微創醫療 (0853)、信達生物 (1801)
能源業、原材料業、工業、綜合企業	7	5.50%	10	5.40%	納入： 復星 (0656)、新創建 (0659)、 上實 (0363) 剔除： 中石油 (0857)、瑞聲 (2018)

恒指4萬點不是夢

除投資者不斷提升中港新經濟股估值外，市場也相信未來舊經濟股重拾升軌，可能恢復或增加派息，估計恒指成分股派息仍多於新經濟股或其他指數，既可獲得較高股息、也可錄得增長，最適合未來準備退休人士，達致「進可攻、退可守」，未來恒指長線有機會上升至40,000點或許不是夢，不過波動將擴大。

美國道指方面，至2020年8月24日，埃克森美孚（XOM.US）、輝瑞（PFE.US）和聯合技術公司（RTX.US）被剔除出道指，取而代之為賽富時（CRM.US）、安進（AMGN.US）和霍尼韋爾（HON.US），這些股份成為了這一擁有124年歷史的基準指數的成分股，是道指七年以來的最大調整的一部分。

港版納指吸引科技企業集資

繼恒指大改革後，隨著新經濟佔比不斷上升，大大增加恒指對全球投資者的吸金力，長線投資比重進一步上升。恒指服務公司在2020年7月20日宣布於7月27日推出涵蓋30隻股份的恒生科技指數，俗稱港版納指，當中包括製造業、金融業、非必需消費品、科技（IT）及健康護理等。其中包含許多熱門股份，大大提升指數吸引力，恒指在11月13日宣布剔除恒騰（0136.HK）及網龍（0777.HK），並加入明源雲（0909.HK）及祖龍（9990.HK）。

儘管螞蟻集團上市暫停，卻已刺激恒指大升，尤其是騰訊、港交所、阿里巴巴、網易、美團、京東等，其中部份將納入恒生科技指數的三、四線科技股追落後，在短短數個交易日升幅更達雙位數。

圖表 1.93 恒生科技指數涵蓋的股份

股票號碼	公司名稱	行業分類	比重(%)
3690	美團 - W	資訊科技業	8.59
2382	舜宇光學科技	工業	8.24
700	騰訊控股	資訊科技業	8.03
9988	阿里巴巴 - SW	資訊科技業	7.67
6618	京東健康	醫療保健業	7.35
1810	小米集團 - W	資訊科技業	6.71
981	中芯國際	資訊科技業	6.47
9618	京東集團 - SW	資訊科技業	6.05
241	阿里健康	醫療保健業	5.55
268	金蝶國際	資訊科技業	3.99
992	聯想集團	資訊科技業	3.73
9999	網易 - S	資訊科技業	3.10
3888	金山軟件	資訊科技業	3.03
285	比亞迪電子	資訊科技業	2.40
2013	微盟集團	非必需性消費	2.14
522	ASM PACIFIC	資訊科技業	1.96
6060	眾安在綫	金融業	1.92
772	閱文集團	非必需性消費	1.91
909	明源雲	資訊科技業	1.82
1833	平安好醫生	醫療保健業	1.75
2018	瑞聲科技	工業	1.73
1347	華虹半導體	資訊科技業	1.20
763	中興通訊	資訊科技業	0.95
780	同程藝龍	非必需性消費	0.85
2400	心動公司	資訊科技業	0.85
1797	新東方在綫	非必需性消費	0.58
1478	丘鈦科技	工業	0.42
1896	貓眼娛樂	非必需性消費	0.32
6088	FIT HON TENG	資訊科技業	0.32
9990	祖龍娛樂	資訊科技業	0.23
2858	易鑫集團	金融業	0.14
		合共	100.00

資料來源：恒生指數，2020 年 11 月

圖表 1.94 恒生科技指數 VS 盈富基金 VS 恒生國企 VS 工銀南方中國

	盈富基金 （2800）	恒生國企 （2828）	工銀南方中國 （3167）	恒生科技指數
市值（億港元）	962	217.98	22.88	84.4
2020年11月6日 成交額（億港元）	22.72	8.21	0.0016	2.8876
被納入指數要求	嚴謹	嚴謹	供參考而已	相對較靈活及 快速被納入

數據：至 2020 年 11 月 6 日
備註：當時盈富基金及恒生國企與科技股指數相關性低，2020 年 9 月初起只有 0.77%，
至 11 月初為 0.7%，但日後股份重疊增加。

資料來源：東驥基金財富管理部／東驥基金研究部

恒生科技指數推出後，共有4家基金公司推出恒生科技指數ETF，分別為南方、華夏、恒生及貝萊德，資金約共60億港元，費用及流通量則有別；針對恒生科技指數的波動性，南方推出1倍及2倍的逆向ETF。

圖表 1.95 4家基金公司旗下恒生科技指數ETF從成立至2020年底表現

科技ETF	費用比率	首日 開市價	推出日期	現時價格 (2021年2月 11日)	升/跌幅	市值 (億港元)
南方 (3033)	1.05%	20	28/8/2020	10.30	-49%	67.09
華夏 (3088)	0.60%	10.06	3/9/2020	13.04	30%	4.98
恒生 (3032)	0.87%	7.72	4/9/2020	10.32	34%	9.55
貝萊德 (3067)	0.25%	15.55	17/9/2020	21.64	39%	59.4

從上圖所示，憑藉恒指服務公司的成功經驗和網絡，客戶及投資者對恒

指已頗具信心，相信恒生科技指數應可迅速成為恒指服務公司第三隻旗艦指數，加上近期全球新經濟熱潮，截至2020年11月6日，恒生科技指數4隻ETF市值達到84.4億元，相關市值在短時間內已等於恒生國企指數三分一！港交所亦於2020年11月23日及2021年1月12日分別推出恒生科技指數期貨及期權。

預料恒生科技指數的轉手率在相關的衍生工具推出下，應與另外兩項恒指旗艦指數（盈富基金（2800）達962億元，恒指中國企業指數（2828）達217.8億元）接近，甚至超越。更何況許多外國金融機構將於海外金融市場推出恒生科技指數ETF，勢將吸引更多國際資金流入恒生科技指數，倘若尚未找到心儀的新經濟股，各位宜考慮投資於恒生科技指數。上市至農曆鼠年底衝破萬點，上升247.1%。

預料新經濟股繼續急速發展，相信恒生科技指數借助恒指服務公司旗下兩大王牌指數一起茁壯成長，配合新經濟的生態環境不斷演化，發展成為第三張王牌，或甚至超越恒指兩大王牌指數。

從中長線而論，筆者更認為恒生科技指數將進一步吸引內地、亞洲，甚至全球對科技行業感興趣的投資者；年輕投資者較了解及熱衷新經濟股，他們相信未來新經濟股將改變全球政經、投資市場、環保、社會等，故Z世代投資於恒生科技指數應沒有懸念，希望日後e-MPF推出後，強積金的年青投資者均可投資於恒生科技指數。

預料恒生科技指數有助鞏固香港成為亞洲、甚至全球科技股及新經濟股集資首選地，提升香港科技投資生態，進一步吸引更多新世代科技企業選擇來港上市，協助香港晉身全球科技融資中心。

1.10
香港21章
宜仿效SPAC轉型

2020年美國共有500家新上市企業，集資金額達1,782億美元，創下歷史新高，其中230家透過特殊項目收購公司（Special Purpose Acquisition Company，SPAC）快速上市，集資額竟佔44%，即784億美元，較2019年增長接近5倍，2021年初SPAC熱潮不減反增，首兩個月已完成集資260億美元。

自2020年7月起，每天錄得逾1家企業透過SPAC進行IPO，這熱潮現正升溫中，2020年在美國上市爆升的Nikola（NKLA.US）、Draft-King（DKNG.US）、網上租屋平台Airbnb（ABNB.US）及外賣公司DoorDash（DASH.US）等均利用此方式晉身上市公司行列，其他例子包括：

1. 不少著名基金經理及名人紛紛成立SPAC，其中李澤楷和PayPal 創辦人Peter Thiel合作成立一家SPAC，稱為Bridgetown，再連續成立旗下3隻SPAC，李嘉誠亦成立其他SPAC，父子倆一起參與；

2. 軟銀亦不甘後人，2020年12月11日在美國申請一家SPAC上市，集資5至6億美元，軟銀集團旗下願景基金（Vision Fund）同時負責營運SoftBank Investment Advisers及此SPAC，這SPAC將結合願景

基金在科創領域的投資專長及軟銀對股票交易的重視，加上願景基金投資於近期上市的DoorDash 及Opendoor（OPEN.US）因獲得其他SPAC收購而加快上市流程，故SPAC可以解決軟銀旗下願景基金的低估值，並為旗下投資項目提供其他主動套現渠道，軟銀集團創辦人兼總裁孫正義預料2021年SPAC發展勢頭更凌厲。

美國SPAC瘋魔全球

特殊目的收購公司為其中一類投資基金，允許股票市場投資者投資於私募股權交易，特別是槓桿收購；SPAC乃一家純現金公司，上市集資後，集中收購具前景、但尚未上市的公司，即使它們沒有業務，上市的目的是與SPAC首次公開招股（IPO）的收益合併或收購公司一併上市，猶如香港以往行之有效的「借殼上市」般，這模式的優點為時間快速、時機易控、費用少、流程簡單、融資有所保證等，非常具創意及配合新經濟行業的要求、時機和潮流。

根據市場慣例，SPAC上市制度嚴謹，募集資金最少5,000萬美元，需要全額存入託管賬戶，以便日後投放於合併或收購，非常安全，直至SPAC完成合併交易，更必須聘請承銷商、核數師等專業人士為所收購的項目進行盡職審查、財務審計等，若公司在24個月內未能覓得收購目標便面臨清盤，託管賬戶的資金歸還投資者。

對投資者而言，這投資形式類似可兌換債券，既保本或獲得低微利息、亦可收購優質新經濟企業如Airbnb、DoorDash等，並像期權般爆升，

SPAC可發揮「蛇吞象」功能，被收購的公司則獲得極迅速的上市捷徑，令SPAC成為非常受歡迎、全面考慮、兼顧各方面及成熟之金融產品，可見未來投資機會眾多，如近期Northern Star Acquisition Corp SPAC收購一家美國網上出售寵物物品商店BarkBox，其每年收入3.65億美元。

怪不得高盛認為SPAC乃過去兩個世紀最具創意的公眾集資結構產品，更預計此上市模式可能刺激未來兩年全球併購規模達3,000億美元。

21章上市須改革及創新

筆者及東驥基金曾在2000年協助成立兩家利用21章在港交所主板上市的公司，一家出任其董事總經理及於數年後退任；另一家擔任其執行董事達18年之久，並於2018年退任，其市值從2000年2,000萬港元上升至2020年底14億港元，目前兩者仍於港交所主板上市，卻缺乏新政策扶持。

21章上市的功能與SPAC類同，即可利用現金於主板上市，若以現金上市，一如SPAC上市成本較低廉及簡單快捷，卻必須聘用符合具專業資格的基金經理及基金公司擔任董事總經理及投資顧問，繼而尋找投資項目，或收購已持有項目發展的公司，故許多投資者選擇利用現金上市，部份壞孩子則利用這些主板上市的投資公司「做莊家」。

透過21章上市的企業與SPAC最大的不同是，前者收購每家公司時，最多持股30%，藉以分散投資風險，不可像SPAC般於收購後變成為上市企業。

後來監管機構加強管控，要求最少300名專業投資者參與及每位最低投資額為50萬元，也不容易審批，按21章上市要求，上市公司的董事總經理及基金經理等所需經驗和表現均非常嚴格，近年來獲批准以21章上市的公司欠奉，不但幾乎停頓下來，也失去21章上市功能。

港交所及監管機構應觀察美國發展SPAC各項優點、全面性及兼容性，香港政府亦不斷強調發展香港成為創科基金中心支持創新生態，相信21章或SPAC給予早期投資者或創投基金退出的良好機制，此舉非常重要，各方必須妥善地平衡發展及監管，否則愈來愈多全球投資者及IPO因SPAC而湧入美國上市和投資。

美國擬容許直接售新股

美國證券交易委員會在2020年12月22日宣布另一創舉，批准紐約證券交易所集團提出「一級場內直接上市」（Primary Direct Floor Listing），容許企業可以無需向投資銀行支付大筆包銷費用，直接到紐約交易所上市融資，一旦落實的話，很可能顛覆美國、甚至全球數十年來招股上市的運作模式。

直接上市方式一直存在，但未能普及，皆因此方式只能出售舊股，卻不能發行及出售新股，只為早期投資者或公司管理層創造流動性；倘若直接上市形式可以發行新股，並於首日交易中可以單一大額交易向公眾投資者出售股票，即與現時IPO類似，繞過投行擔任包銷商等環節及省卻費用，IPO上市時亦不致被投行壓價，以便上市初期創出高價，未獲配

售新股的投資者在IPO上市首日又不需以高價購入，此方式有助縮窄兩者差價，實為創投基金、早期投資者、企業管理層及IPO上市首日入市的散戶投資者等一大喜訊，結束及改變數十年來IPO定價錯誤之傳統。

待新冠疫情後，香港更必須擁抱未來新經濟高速發展機遇，吸引更多獨角獸來港上市，冀望港交所、香港各大監管機構及政府認真地研究及深入了解，為進一步鞏固國際金融中心加倍努力，高瞻遠矚地制定香港未來重要的發展基礎和機會，為金融、初創、創新、融資、成本、時機、大灣區、中國甚至全球帶來更多正面影響，提升香港的國際金融地位。

以SPAC投資新經濟

究竟各位如何投資眾多SPAC？自己或與一群志同道合的夥伴籌組SPAC，宜先行覓得收購目標及安排上市才最重要，如2020年大部份IPO可上升約1倍，投資於SPAC便大幅獲利；相反地，如21章必須分散投資於多個項目，卻不能控股，各具優點；SPAC也擁有其他優勢，包括靈活度較高、限制較少、可非常集中收購某一項目及可控股，進行更佳的盡職審查，提高成功機會。

投資者亦可考慮SPAC於IPO上市購買，如一般IPO價格為10美元，隨後或上升至10.2美元或10.5美元時，假設稍後可能傳出收購項目，SPAC股價已經上升20、30%，閣下便可考慮出售套現、或中長線持有，待確認後或等待IPO上市後大幅上升，但時間愈長久、風險愈加上升，回報則可能極可觀，再考慮是否長線持有，靈巧的投資者可在每年眾多

SPAC供應下選擇多隻SPAC，構建SPAC投資組合，分散風險，繼而輪流轉換或短線操作，賺取更多複息效應。

若真的購入優質的SPAC，單單賺取IPO上市升幅已有機會上升1至2倍，故各位宜按自己的風險度及諮詢專業的投資顧問。

圖表1.101 美國SPAC與香港21章上市比較

	項目	美國SPAC	香港21章
1.	上市金額	5,000萬美元(4億港元)	最少1.5億港元
2.	投資者數目限制	✖	300名專業投資者
3.	投資限制	✖	最多持有項目/企業30%
4.	需要投資顧問或基金經理投資	需要；一般屬知名投資者及基金經理	需要；一般屬知名投資者及基金經理
5.	上市費用便宜及快速	✔	✔
6.	2年內必須找到收購目標	✔ (若未能找到，2年後必須退回資金及利息)	✖
7.	收購後一併上市	✔	✖
8.	於信託銀行託管	✔	✔
9.	分散風險	集中投資一個項目	投資多個項目

資料來源：東驥基金研究部

Chapter 02

新經濟投資主題

2.1
科技金融與
金融科技

中美博奕愈演愈激烈下，中國已覓得新路向，從製造立國變更為科技立國，在未來五年規劃中，科技自強放於首位，乃歷來首次，國內政府仍繼續支持科技金融或科技企業繼續創新，冀望科技金融或金融科技企業可引領傳統金融機構制訂嶄新的發展方向及做法。

TechFin 與 Fintech

究竟科技金融（TechFin）為首？還是金融科技（FinTech）？綜觀大部份公司在創業或甚至高速發展時均希望政府、機構、投資者等以新經濟科技企業看待，皆因科技企業估值頗高、較容易獲政府政策或資金支持、投資者及客戶認為增長沒有頂，因而願意中長線持有，非常有利公司在資本市場持續發展。

如螞蟻集團上市暫停乃因已茁壯成長及高速發展，風險控制愈加重要，

堪稱「大到不能倒」，難怪國內四大監管部門一起約談螞蟻集團三位領導及股東，提出他們須不斷提高風險管理，意味著螞蟻集團在資金及監管成本等環節將有所提高，還必須逐步與傳統金融機構的監管要求接近，監管機構才放心讓螞蟻集團繼續騰飛。

現時提出這些要求總較上市後才提出為佳，除有助減緩股價震盪外，投資者亦不會招致任何損失，即使部份投資者早前利用孖展認購螞蟻集團，不少良心企業如富途、耀才願承擔所有相關費用，投資者也沒有損失，只是投資機會延遲而已。

筆者相信科技金融與金融科技跟傳統銀行監管看齊時，成本必然增加，新經濟盈利和股價因而逐漸步進頂峰，各位必須留意。

Facebook（FB.US）亦為另一非常好的例子，它之前向美國政府申請數碼貨幣牌照，卻遭到拒絕，不能因為Facebook屬科技企業便可獲得特殊對待或優惠，建議其必須取得美國的銀行牌照才可進行此業務，日後便可與摩根大通、高盛等進行電子貨幣業務，最終Facebook取消在美國推出數碼貨幣。

馬雲在2020年10月24日發表演講後，他感謝國內政府及監管機構能給予阿里巴巴（9988.HK）及螞蟻集團發展機會，國內政府及監管機構以科技企業的角度看待他們，為他們提供政策紅利，讓螞蟻集團發展至現時水平，可見中國在金融領域已較美國勇敢地嘗試科技應用。

支付科技 需求甚殷

亞洲金融科技師學會於2020年9月中旬舉行「第二屆亞洲金融科技成就大獎」,首創全於虛擬世界進行,共有60多家企業參與,為2019年之一倍,足見本港金融科技發展及增長迅速,當中達40家企業獲得獎項,不少為香港及亞洲區企業,甚至全球性企業等,當中包括已於2020年10月在美國上市的中國第二大金融科技公司——陸金所(LU.US)。

從獲獎的企業可看到香港金融科技發展的趨勢,2020年獎項分布非常多樣化,但獲獎最多為支付科技,共七家,跟著為保險科技、區塊鏈、大數據等各四家,其次為雲計算、人工智能、數碼銀行、創新科技等各佔三家,最重要的網絡安全有兩家,其餘為資訊科技、算法交易、數據私隱、財務策劃科技、信貸科技、物業科技、監管科技、機械人自動化、電子退休金等嶄新領域各佔一家。

各位必須留意未來科技發展及其影響的行業,如近年來虛擬保險、虛擬銀行等已逐漸改變行業的生態環境,其他行業現已受到科技不同程度的衝擊和洗禮,故預料新經濟仍可長遠地增長。

貨幣數碼化

相信2021年最大發展應為貨幣數碼化,包括國內及歐洲等均急不及待

地致力發展數碼貨幣，美元在單邊主義及貨幣數碼化兩大潮流影響下，勢必加速去美元化進程，加上多年來美元主導的國際貨幣體系出現許多弊端，如過量發行美元為其他國家帶來「負外部性」影響，尤其是發展中國家，相信中國及歐洲均欲利用數碼貨幣提高其貨幣的國際地位，未來代替美元半壁江山，令美元地位相對地下降，更有利新興市場尤其是中國的投資市場及股市。

據悉歐洲瑞典開展研究電子克朗，美國聯邦儲備局高層亦披露已與麻省理工學院合作，推動數碼美元試驗計劃，但仍然落後於中國的數碼貨幣發展，皆因中國在數碼貨幣的發行、流通、應用等全流程已形成完整的產業鏈，並完成技術儲備及進入試驗階段，以深圳等城市為試點，處於全球領先位置！

中國利用數碼貨幣及龐大消費群，配合淘寶等刺激消費、RCEP旗下十多國、一帶一路沿途國家投資及借貸，開拓海外市場，並可與進行很多跨境支付業務的企業合作，難怪2020年獲得「第二屆亞洲金融科技成就大獎」的企業多為從事跨境支付，已露出端倪。

歐洲央行現已設立網站銷售其不良貸款，運作模式類似亞馬遜（AMZN.us），旨在打破龐大金融機構壟斷，若2021年歐元數碼貨幣推出，勢將有利於歐洲央行更有效地推動上述計劃。休而則商的金管局前主席陳德霖成立圓幣錢包科技公司，並擔任主席，可見數碼貨幣為未來發展的主要方向之一。

2.2
金融科技
實力極強

金融科技企業較為廣義的定義是金融服務創新企業運用科技手段使金融服務變得更加有效率，使企業更快達到規模經濟。目前引領金融科技發展的國家主要是美國和中國，但金融科技發展仍然處於早期階段，目前大眾較為熟悉的金融科技的應用主要針對支付業務，但除了支付業務以外，大數據、人工智能、網絡安全、區塊鏈、加密及數碼貨幣等都屬於金融科技範圍。

如圖表2.21所示，福布斯針對在美國運營或在美國擁有顧客提升金融服務更有效率、成本更低的企業進行評選，晉身為金融科技領域內的50強企業。評選類型非常多樣化，從個人金融、區塊鏈和比特幣，到房地產、B2B貸款、保險和支付，比如保險金融科技企業的Ethos可以利用甄別預測技術在10分鐘內對壽險進行定價，同時還能核實申請人的自我申報的醫療數據記錄，因此這就可以使得大部分申請人免除體檢步驟。金融科技的應用也吸引了許多投資者積極參與，目前該企業估值約為4.5億美元。在中國像平安保險（2318.HK）其實也是一家科技公司。

MoneyLion是一家專注於個人金融業務的金融科技企業，旗下服務包括免費的支票賬戶、財務管理、還有ETF投資組合，2020年是首次登上福布斯美國金融科技50強企業。

圖表2.21 金融科技吸金榜

Name	Categories	Funding	Name	Categories	Funding
Acorns	Personal Finance	$257 M	Lemonade	Insurance	$480 M
Addepar	Wall Street & Enterprise	$240 M	Lively	Personal Finance	$42 M
Affirm	Personal Finance	$800 M	MakerDAO	Blockchain & Bitcoin	$63 M
Axoni	Blockchain & Bitcoin	$59 M	Marqeta	Payments	$378 M
Behavox	Wall Street & Enterprise	$20 M	MoneyLion	Personal Finance	$207 M
Better.com	Real Estate	$254 M	Next Insurance	Insurance	$381 M
Betterment	Investing	$275 M	Nova Credit	Personal Finance	$65 M
Brex	B2B Lending	$315 M	Opendoor	Real Estate	$1300 M
Cadre	Real Estate	$133 M	Payoneer	Payments	$270 M
Carta	Wall Street & Enterprise	$448 M	Plaid	Payments	$310 M
Chainalysis	Blockchain & Bitcoin	$45 M	Plastiq	Payments	$140 M
Chime	Personal Finance	$805 M	Propel	Personal Finance	$18 M
Coinbase	Blockchain & Bitcoin	$525 M	Ripple	Blockchain & Bitcoin	$293 M
Credit Karma	Personal Finance	$869 M	Roofstock	Real Estate	$133 M
Dave	Personal Finance	$76 M	Root Insurance	Insurance	$528 M
Divvy Homes	Real Estate	$163 M	Stash	Investing	$192 M
Ethos	Insurance	$107 M	States Title	Real Estate	$107 M
Everledger	Blockchain & Bitcoin	$20 M	Stripe	Payments	$1000 M
Fattmerchant	Payments	$18 M	Tala	Personal Finance	$200 M
Finix	Payments	$55 M	Tally	Personal Finance	$92 M
Hippo Insurance	Insurance	$209 M	Toast	Payments	$498 M
iCapital Network	Investing	$80 M	TransferWise	Payments	$689 M
Insurify	Insurance	$30 M	Trumid	Wall Street & Enterprise	$200 M
Kabbage	B2B Lending	$489 M	Unison	Real Estate	$40 M
Kindur	Investing	$11 M	Upstart	Personal Finance	$165 M

資料來源：福布斯（2020年）

重視技術創新

在中國市場內，KPMG在2020年7月至8月針對中國超過150家金融科技企業的CEO和創始人進行調研，結果顯示在中國金融科技市場中，市場需求和技術創新是產業最大的兩個驅動力，且在應用方面，受訪企業多數看好大數據、人工智能和機器學習。目前金融科技企業集中在中國一線城市，長期而言，長三角經濟區以及大灣區或將成為金融科技企業萌發的區域。

增長空間巨大

金融科技領域技術和缺乏人才以及科技企業和金融企業對接的難度增加，因此金融科技企業發展仍然有巨大的空間。2020年10月8日中國

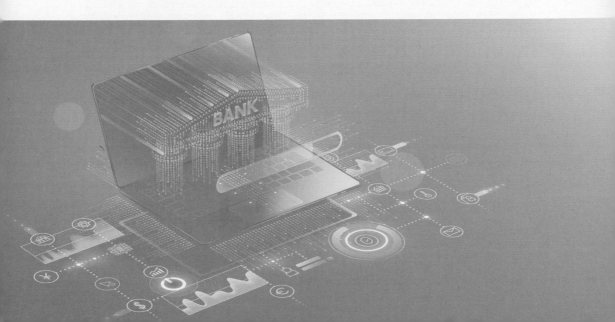

平安旗下的主營零售信貸和財富管理的金融科技平台陸金所（LU.US）正式提交IPO招股書在紐交所上市。2017年、2018年和2019年陸金所控股的總收入分別為278.2億元人民幣、405.0億元人民幣和478.3億元人民幣，年化複合增長率達31.1%。陸金所控股淨利潤率也逐年上升，從2017年的21.7%提高到2020年上半年的28.3%，2017年到2019年間淨利潤年複合增長率達到近50%。

還有平安一賬通在金融科技領域非常出色，香港eID便是平安科技傑作，更搭建金管局貿易聯動平台，其他金融基建亦出現平安的身影如積金易（eMPF），還可能參與個人信貸資料庫。陸金所從IPO上市至2021年1月27日共升18%，亦成為中國首家上市的金融科技企業。

目前金融科技企業上市數量仍少，但金融科技產業可見的規模發展和未來讓投資者垂涎欲滴，而且處於發展早期的金融科技領域增長空間巨大，不失為另一個可供投資的潛在目標。

須留意科技監管

各位必須留意，宜於科技在不同行業發展繼續加速的階段作出投資部署，並須視乎各國政府態度及支持，如歐美諸國及國內調查科技巨企反壟斷、公平交易的要求及被政府徵收數碼稅等，影響科技巨企的發展、盈利及股價等，這些因素不可不察，故投資策略宜分散投資於二、三、四線新經濟股。

2.3
生化科技
發展機遇

2020年，納指生化科技指數上升約30%，現時一眾生化科技或醫藥企業爭相研發治療新冠肺炎疫苗，創投基金、對沖基金及投資者均對未來能成功研發疫苗頗具信心，現時約有100種疫苗，其中40隻已進入試驗階段。英、美、德及中國成功研發數種疫苗，但初時供不應求，但部份基金經理恐怕新冠肺炎等因素導致不少生化科技及醫藥股過份炒作，生化科技企業從2021年陸續被納入滬、深港股通，推動這些股份價格屢創新高。

圖表2.31 無收益科技股（B股）凍資排名

股份名稱	公開發售超購倍數	凍資額（億港元）	總認購人數	一手中籤率	首日升幅
嘉和生物（6998）	1,247	3,626	逾49萬	3%	17%
歐康維視（1477）	1,895	2,974	35.7萬	5%	150%
沛嘉醫療（9996）	1,183	2,803	28.6萬	8.5%	68%
康方生物（9926）	638	1,666	18.7萬	12%	50%
開拓藥業（9939）	550	1,036	19.4萬	10%	7%
啟明醫療（2500）	311	817	7.1萬	30%	30%

成功研發及大量生產疫苗必然拯救億萬患者，但因拯救生命為主而降低藥價，故影響盈利及股價表現，各位不妨參考下列例子：

1. Gilead（GILD.US）有機會提供應付新冠肺炎病毒疫苗，其股價2020年僅只上升6%，2021年1月初至25日亦只上升6%；

2. Moderna（MRNA.US）在2020年5月18日宣布首階段臨床試驗成績不俗，當天刺激道指曾大升900多點，其股價當日急升26%，2020年大升520.36%，2021年1月初至25日已上升25.41%。Moderna因而藉好消息集資，Moderna亦與美國國家衛生研究院合作研發新冠病毒疫苗，更出現供不應求情況，股價表現遠勝Gilead；

3. 歐洲諸國及日本等加入研發行列，如日本AnGes（4563.JP）股價過去半年跌逾兩成！

畢竟尖端科技研發屬非常專業及深奧，一般人不容易明白相關情況，股價亦因應不同階段而有所變動，如新冠肺炎檢測、DNA方法治療、如何協助人體產生病毒抗體、醫治新冠肺炎的藥物等不同範圍，就算專家分辨哪些藥物未來能否成功研發也不容易，加上新冠肺炎屬嶄新病毒，甚至可能獨一無二，很多創新的應付方法尚未引證，故這些方法或藥物能否成功醫治新冠肺炎也難以預測，股價更為波動。

醫藥股方面，尤其是缺乏盈利支持的藥企，其研究的新藥能否獲得美國或當地醫療監管機構批准使用頗為重要，故相關風險及波動性較大，投資者因而轉往醫療設備／器械，如康德萊（1501.HK）、微創醫療（0853.HK）等，這類別股份曾不斷創新高，但早前國內政府因希望藥價及醫療器材價格下調而推出集中採購，涉及藥品及醫療器材等範疇，醫療企業

為取得非常巨大的中國市場而不惜大幅降價，帶動石藥（1093.HK）、中國生物製藥（1177.HK）等股價從高位回落，隨後蔓延至醫療器材股等，這些因素所引發的調整宜考慮藉低位之機購入。

筆者認為以醫藥平台為主的藥明生物（2269.HK）較特別及配合行業發展步伐，業務與盈利也有所保證，在醫藥研發及生產外判（CXO）產業鏈中，生物醫藥市場現正快速增長，但過去10年藥企的研發成本增加67%，為降低成本及加快推出新藥品，現時全球藥企均欲提高研發及生產效率，故紛紛外判醫藥研發及生產等，足見此行業不但強勢掘起，更為方興未艾。

中國成優勢吸引外國業務

醫藥研發及生產涉及眾多流程，CXO外判種類可分為：

1. Contract Research Organization（CRO）研發外判；

2. Contract Manufacture Organization（CMO）生產外判；

3. Contract Development Organization（CDMO）開發生產服務外判。

上述工序還可細分藥物發現CRO、臨床前／後CRO及CMO／CDMO，合共4部份。

國內工資較歐美便宜一半及擁有完善的化工產業基礎等優勢，國內藥企藥明康德（2359.HK）在藥物發現及臨床前CRO佔全球市場6%，排名季軍，加上其計算臨床CRO，其整體CRO排名全球第九，乃唯一晉身全球此類別企業首十名的中國醫療企業。

其關聯企業藥明生物集中於快速增長的生物藥品行業，卻非藥明康德般傳統行業，故藥明生物的收入及盈利只為藥明康德一半，但藥明生物市值因快速增長而與藥明康德接近，更躋身恒指成份股行列；投資者可同時考慮此兩股份，視乎閣下風險承受程度，還有內地龍頭藥企之一——泰格醫藥（3347.HK）亦可留意。

筆者建議各位可考慮自行構建（DIY）生化科技組合、透過鄧普頓旗下生化科技基金或生化科技ETF分散投資風險，倘若藥企能成功研發治療藥物，其股價必定備受追棒；相反地，其他藥企未能成功研製或從研發方面取得進展，必然「賠了夫人又折兵」，股價隨之回落。

圖表2.32 鄧普頓生化科技基金表現、投資比例及十大持股

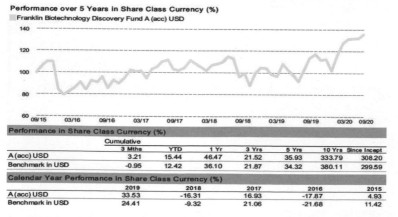

資料來源：鄧普頓基金，2020 年 9 月

參觀紐約 Stony Brook University 生化科技及幹細胞研究中心，並與主管馬教授及其同事合照。

據悉部份對沖基金因相關藥物或方法能否成功的機會降低而陸續沽空一些生化科技股，或因股價已累升不少，並已充份反映投資者對該企業研製成功的樂觀情緒等；經歷新冠肺炎後，筆者相信類似病毒將不斷困擾人類，除部份國家研究巨大殺傷力的武器等外，或研究利用生化科技戰的可能性！

自2019年起透過港交所18A章申請上市，生化科技企業成為投資亮點，現已共有逾20家缺乏盈利的企業上市，似乎這生態圈已逐漸成熟，包括相關的投資銀行、律師、會計、專業的生化科技分析及研究人員等，將有助提升行業質素及持續發展，同時吸引更多生化科技企業來港上市，為中國及亞洲的生化科技及健康護理行業帶來龐大貢獻，各位絕不能忽視此新興板塊，但不少投資者因近期累升甚多而先行止賺。

眾所周知，**醫療價格不斷上漲**，投資於生化科技及健康護理股份、ETF及基金等或有助對沖或抗衡未來因高醫療通脹率而引致巨大的醫療費用，投資於科技股則冀望獲得長期的高回報，有助保持或改善我們的生活素質，因此各位宜利用「兩條腿走路」；亦可考慮利用較穩健的投資

如高息股及／或房地產等，另一投資為生化科技或科技股，但近期新冠肺炎影響全球及各行各業，許多高派息率的企業已宣布不派息或減少派息，高息股投資者現正面臨嚴重挑戰，投資者須重新自我評估及計劃未來新路向。

圖表.2.33 生化科技股一覽（2021年2月9日）

代號	名稱	市值（十億港元）
1167	加科思－B	18.129
1477	歐康維視生物－B	16.314
1672	歌禮製藥－B	3.252
1875	東曜藥業－B	2.516
1952	雲頂新耀－B	27.988
2126	藥明巨諾－B	16.378
2142	和鉑醫藥－B	6.934
2160	心通醫療－B	46.838
2170	貝康醫療－B	2.148
2500	啟明醫療－B	36.436
2552	華領醫藥－B	5.412
2616	基石藥業－B	12.753
3681	中國抗體－B	4.578
6855	亞盛醫藥－B	9.150
6978	永泰生物－B	6.124
6996	德琪醫藥－B	12.820
6998	嘉和生物－B	9.943
9926	康方生物－B	49.023
9939	開拓藥業－B	5.253
9966	康寧傑瑞製藥－B	13.089
9969	諾誠健華－B	25.087
9995	榮昌生物－B	16.841
9996	沛嘉醫療－B	18.068

2.4
電動車及無人駕駛
強勢領航

2020年電動車（EV）Tesla（TSLA.US）在各方面均非常成功，包括連續四季以上錄得盈利，並於2020年底加入標普500指數，其股價在2020年颷升672%，市值6,000億美元，成為標普指數第七大上市企業，也刺激全球電動車熱潮騰飛，其中中國電動車市場絕不遜於全球其他市場。

2020年底中國習近平主席向全球作出承諾，中國在2060年便達到碳中和，估計2025年電動車佔中國汽車市場最少20%，2035年更達50%，按此推算，未來中國電動車市場每年年增長30至35%不等，推動中國掀起巨大電動車熱潮。

蔚來考驗類似當年Tesla

2019年中國電動車企業已有635家紙上公司（Paper Company），大部份因未能得到政府資助或私人投資而缺乏資金，根本未能生產，其中最著名為蔚來汽車（NIO.US），其於2014年成立，不少投資者皆欲尋找下一

家Tesla，可惜過去數年蔚來發展不大，令投資者失去信心，更幾乎倒閉，2017至2019年只出售32,000輛汽車，嚴重虧損達36.7億美元，蔚來隨後於2018年在美國上市，卻碰巧中美貿易戰，最終集資額減半，只有10億美元，其股價從2018年IPO價格10美元下跌至2019年1.39美元，跌幅逾86%，此為蔚來非常嚴峻的考驗。

騰訊（0700）早著先鞭及就汽車業部署，繼入股美國電動車龍頭Tesla後，並持有國內新能源汽車龍頭蔚來，2020年更增持其股份和成為第二大股東，與日立簽署共同開發車聯網、自動駕駛、車輛訊息安全等領域協議，2021年初宣布與百度（BIDU.US）及吉利（0175.HK）合作自駕電動車，騰訊進軍汽車業的遠見表露無遺。

與此同時，2019年電池成本非常昂貴，中國電動車銷售反而下跌4%，蔚來46歲創辦人及行政總裁李威廉立即果斷地全球裁減不多於7,500名僱員，幸而蔚來較其他初創電動車擁有絕大優勢，蔚來在2019年第四季居然可以出售8,000輛汽車，即約有4億美元現金流，奈何其財政仍然非常脆弱，最終獲得安徽省合肥市政府擔當白武士，願意融資6.83億美元予蔚來渡過難關，皆因蔚來在安徽省合肥市設立生產線，大大增強客戶、供應商及投資者等信心，刺激其股價在2020年11月25日曾回升至每股57美元，2020年最低及最高股價相差11倍，與同期Tesla股價上升5倍相比，蔚來股價升幅更大，蔚來汽車市值大約為736億美元，與Tesla市值約6千億美元相比，仍相距逾8倍。

Tesla在2019年在上海成立生產電動車廠，並出產72,000輛Model 3電動車，同期蔚來急起直追，產量提升至24,000輛，2021年每月更可生

產7,500輛，蔚來汽車的電池安排比較獨特，因其充電時間較長，故蔚來設立162個類似油站般的更換電池點方便車主立即更換電池、節省充電時間，或在公司及家裡設立充電設備，現時客戶可選擇購買車輛和月租電池，每月只需支付150美元便可享受更換電池之服務，令蔚來汽車在中國逐漸受歡迎。

圖表2.41 蔚來汽車（NIO.US）股價走勢（2018年上市至2020年底）

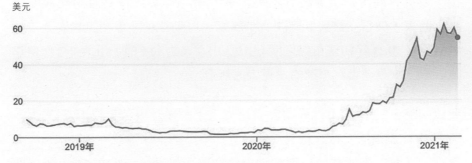

目前蔚來汽車市值已晉身全球第四大汽車企業，市值排名僅次於Tesla、豐田、Volkswagen，與老牌通用及福特汽車市值分別為590億及360億美元相比更龐大，絕不可以小覷。

電動車在中國強勢發展

除Tesla在美國甚至全球非常成功外，許多投資者均希望在中國政府政策下能找到未來較Tesla更成功的電動車企業，筆者相信假以時日中國出現較Tesla更成功、更優秀的電動車企業，原因如下：

1. 中國體制屬政策主導，與美國截然不同，中國傾盡全國之力推動電動車及環保，宣布2060年碳排放為零；

2. 中國現為全球最大的汽車市場，若汽車企業欲保持增長及成為全球之冠，電動車必須在中國生產、製造、上下游零件供應等，若否，絕不能在價格、設計等方面獲得競爭優勢，利潤比率也低於同業，Tesla選擇在上海落戶，2021年初下調Model Y SUV及Model 3的售價10多萬人民幣，未來更欲把上海生產電動車出口至歐洲及其他地方，可見中國世界工廠及世界市場之實力；

3. 當中國大量生產電動車及配件尤其是電池，預計電動汽車的質素、價格及能源（電池）價格將不斷下降，中國也推出稅務優惠，儘管2021年新能源汽車補貼下降至20%、公交電動車和網約車補貼下調10%，但估計電動車企業仍錄得每年20-30%以上複合年均增長率，試問電動車企業估值焉能不高，股價不上升？在中國各大城市非常困難取得汽車牌照，即使消費者願意花費大量資金購買新車，仍必須加上數十萬才可以取得當地大城市的汽車牌照，使用電動車則可輕易地取得在市區駕駛的牌照，不須額外支付十數、或甚至幾十萬附加費，現時一輛蔚來ES6電動跑車價格約為52,200至41,600美元；

4. 現代年青人愈來愈看重社會企業責任，望能駕駛電動車推動環保，將來維修更便宜、更簡單，況且外國電動車的生產成本遠遠高於中國，可見中國電動車市場發展勢將無可限量；

5. 另一方面，小鵬Xpeng汽車在2020年首三季生產量已達14,000輛，與Tesla電動車和傳統汽車（如通用汽車等）同期在中國銷售達190

萬輛相比，差距仍然非常遙遠，畢竟這只是一家電動汽車製造商廠在中國的銷售額而已，卻意味著未來增長空間十分驚人。

中國電動車品牌愈來愈多

現時最著名的中國電動車品牌，首先為蔚來，隨後為巴菲特投資的比亞迪（1211.HK）、小鵬（Xpeng）、恒大汽車（0708.HK）及Li Auto，還有在港上市的五菱汽車（0305.HK），其他新加入者如：

1. 市場盛傳東風汽車（0489.HK）回到A股上市，集資發展電動車，推動股價在2020年第4季大幅上升；

2. 阿里巴巴（9988.HK）、上汽集團（深600104）及其他投資者在2020年12月25日成立聯營公司，資本100億元人民幣，上汽旗下上海元界智能科技股權投資基金合夥企業因其持股比例72%而出資72億元人民幣，阿里巴巴則持股18%及出資18億元人民幣，阿里巴巴及寧德時代亦參與上汽集團旗下移動出行戰略品牌享道出行；

3. 吉利已於重慶生產電動車，更於2020年12月底成立成都吉橋科技，主要銷售新能源汽車；

4. 盛傳百度與吉利、廣汽（2238.HK）、一汽旗下紅旗達成初步協議；

5. 市場同時盛傳小米（1810.HK）欲與比亞迪共同推出年輕人第一輛汽車——青悅S1，預料定價為8.5萬元人民幣，但遭雙方否認。

近年來ETF頗受投資者歡迎，中國擁有全球最龐大的電動車市場，Global X 中國電動車（2845.HK）相關主題ETF把握綠色駕駛機遇，有助投資者分散投資及爭取較佳回報。

圖表 2.42 Global X ETF／綠色駕駛 ETF 表現圖及十大持股

港元

	2020年十大股票持倉	比重		2021年十大股票持倉	比重
1	BYD CO LTD -A	8.92	1	BYD CO LTD -A	11.31
2	CONTEMPORARY AMPEREX TECHN-A	8.42	2	SHENZHEN INOVANCE TECHNOLO-A	9.85
3	EVE ENERGY CO LTD-A	7.06	3	CONTEMPORARY AMPEREX TECHN-A	9.72
4	WUXI LEAD INTELLIGENT EQUI-A	6.32	4	WUXI LEAD INTELLIGENT EQUI-A	9.46
5	GANFENG LITHIUM CO LTD-A	6.28	5	GANFENG LITHIUM CO LTD-A	9.44
6	GOTION HIGH-TECH CO LTD-A	5.91	6	EVE ENERGY CO LTD-A	9.24
7	SHENZHEN CAPCHEM TECHNOLOG-A	5.53	7	WEIHAI GUANGWEI COMPOSITES-A	6.22
8	SHENZHEN YINGHE TECHNOLOGY-A	5.44	8	SUNWODA ELECTRONIC CO LTD-A	5.88
9	SUNWODA ELECTRONIC CO LTD-A	5.08	9	SHENZHEN CAPCHEM TECHNOLOG-A	5.15
10	QINGDAO TGOOD ELECTRIC-A	4.57	10	QINGDAO TGOOD ELECTRIC-A	4.24
	總佔比	63.53		總佔比	80.51

蘋果研發 Apple Car

現時全球電動車市場的領導者及顛覆者乃Tesla創辦人馬斯克，相信可以媲美蘋果在手機的領導地位，或可能有過之而無不及。其成功案例及股價升幅可謂「一石激起千呎浪」，2020年底蘋果（AAPL.US）公布研發電動車，甚至提早在2021年發布，但蘋果再不是創新及顛覆者，只為電動車領域的追逐者，喬布斯在2008年雖曾構想Apple Car，但一直沒有付諸實行，現在電動車相關技術日趨成熟，加上市場對電動車的投資機會異常渴求，蘋果因此推出Apple Car屬十分正常。

馬斯克曾在Tesla製造Model3的最黑暗及最艱難期間試圖與蘋果首席執行官庫克（Tim Cook）接觸，探討蘋果收購Tesla的可能性，當時收購價為600億美元，2020年Tesla市值飛升至6,000億美元，即蘋果當年以十分之一價格收購Tesla，但遭庫克拒絕，蘋果錯失再次顛覆世界的機會。

筆者亦因此事而回憶當年雅虎錯過投資Google良機，最終雅虎幸運地投資於阿里巴巴，才獲得充足資金久延殘喘，否則，雅虎可以再顯光輝，此乃社會不斷發展的定律。

Uber 及 Lyft 推動使用電動車

Uber（UBER.US）盼於2040年全部使用電動車，夥拍通用、雷諾、日產及三菱聯盟協議，以8億美元協助所有Uber司機升級座駕，現時電動車

價格仍高於燃油車輛，故首先協助美加司機以優惠價購買電動車及補貼充電費用，每當完成一個車程後，便可獲得1美元額外獎賞，加速汽車升級轉型，然後推廣至全球其他國家。

Uber進一步成立Uber Green，乘客只需多付1美元額外獎賞，便可指定預約汽車為電動車或油電混能車，並可得到3倍Uber Rewards，參與Uber Green的電動車司機完成一個車程後，亦可獲得額外0.5美元獎賞，加上從客戶獲得1美元，便可賺取1.5美元，這計劃將擴展至全球65個城市。

對手Lyft（LYFT.US）早於2020年6月宣布2030年要求旗下所有司機全面採用電動車，預料電動車需求在中國以外的地方更為方興未艾。

電動車零件機遇巨大

LG與加拿大汽車零件生產商Magna合組一家總值10億美元的聯營公司，積極發展電動汽車零件業務，迎合迅速增長的全國電動車市場，聯營公司預計從2020年至2030年，其電子發動機、變換器和電力推動系統均錄得明顯增長，生產基地選定南韓仁川及中國南京，並準備在美國密歇根州設立軟件研發中心，韓國LG更將其電池加熱器及功率計電器組件等業務轉往新聯營公司。

LG於2020年底與印尼簽署興建電動車電池廠房之MOU，協議涵蓋整個電動車供應鏈，推動印尼成為綜合採礦和生產電動車等國家，2021年最少70%生產的鎳礦（電池成份之一）必須於印尼加工處理，故相關特定下游生產供應商亦值得留意和投資。

除投資於汽車製造商、電池外，各位宜留意相關的電動車零件製造商，如汽車鏡頭因電動車及無人駕駛等需求大增，配合未來需求大增而刺激盈利大升，相關股價猶如過去蘋果手機供應商般大升，部分如舜宇光學（2382.HK）及瑞聲科技（2018.HK）皆因此晉身恒生指數藍籌股或恒生科技指數行列，切勿錯過！還有其他受惠股份如丘鈦科技（1478.HK）。

預料其他新能源汽車的供應商也同樣受惠，美國OEM供應商包括在港上市的福耀玻璃（3606.HK）、敏實（0425.HK）、在A股上市的均勝電子（滬600699）、三花智控（深002050）、恩捷（深002812），若Apple Car日後在中國生產，贛鋒鋰業（1772.HK）、寧德時代（深300750）、先導智能（深300450）、四維圖新（深002405）、德賽西威（深002920）等皆受惠。

各大科企爭相湧入汽車業，相關的汽車晶片需求日益增加，尤其是新能源電動車等，加上美國增加制裁會否導致中國汽車晶片供應更缺乏，繼而影響行業增長？這成為中、短期最大風險，各位必須留意。

無人駕駛的晶片機遇

每當談到電動車時，各位必須注意自動無人駕駛技術，Google在美國成立Waymo Car Venture致力發展無人駕駛技術，現時只在鳳凰城提供的士服務，但似乎沒有為Alphabet（GOOGL.US）提供較可觀的收入，因為這部門仍未能獨立，或因為Waymo的創辦人之一萊萬多夫斯基（Anthony Levandowski）轉投Uber旗下自動駕駛汽車部門Advanced Technologies

Group（ATG）及擔任領導，更被Google控告他竊取Waymo的商業機密而判監18個月。

Intel（INTC.US）在2017年以153億美元收購Mobileye，只提供電腦視野（Computer-vision）及輔助駕駛科技，未來12個月收入增長只有6%，較Intel整體增長11%更糟，現時只佔Intel整體營業額1%而已。

晶片商Nvidia（NVDA.US）針對無人駕駛車製造中央電腦晶片，現時來自汽車業對晶片的需求，從2017年Nvidia銷售佔7%下跌至2020年只有4%，亞馬遜（AMZN.US）則沒有興趣參與無人駕駛技術，反而集中資源於無人飛機。

中國同樣致力發展無人駕駛汽車，如百度在北京及長沙等試驗自動駕駛出租車服務，近來更進入智能汽車領域，2017年發布名為「Baidu Apollo」自行駕駛計劃，包括開放平台及企業解決方案，目前共有156個生態圈合作夥伴加入，並開展此計劃研發和產品合作；阿里巴巴亦投資於自動駕駛初創Auto X，在深圳市區測試無人駕駛汽車。

隨著許多地方政府均給予科技企業作為試驗場，相信技術良好，如上海設有無人駕駛出租車等。未來在電動車及無人駕駛方面，相信表現最佳的企業仍在中國及美國，各位必須密切留意。

Uber 自動駕駛曾出事故

Uber後來把旗下自動駕駛汽車部門ATG出售予矽谷競爭對手Aurora Innovation，Aurora獲韓國汽車巨企現代（Hyundai）、亞馬遜，還包括Greylock和紅衫資本在內的風投公司支持，反映Uber受股東壓力，必須盡快兌現盈利承諾，故繼續出售業務止蝕，但Uber因是次出售而賬面大幅獲利。

首先Aurora Innovation估值2019年只佔25億美元，在收購ATG後，這兩團隊、人才、技術等融合起來，令估值增加至100億美元，Uber只花費4億美元便獲得Aurora的26%股權，價值26億美元，立即取得6倍多估值，又可繼續持有相關的自動駕駛業務，況且ATG及Aurora兩家企業整合後，更大機會成為自動駕駛的領跑者。

Aurora行政總裁厄姆森（Chris Urmson）為自動駕駛技術先驅，除創辦Aurora外，他亦曾協助Google啟動自動駕駛項目，合併後發展重點投放於重型貨車的自動駕駛技術，繼而發展自動駕駛的乘用車，並與Uber網約車服務結合。

厄姆森的想法似乎與福特汽車行政總裁Jim Farley不謀而合，貨車屬商用車輛，若電動車能為用戶在8年間節省40%燃油成本，維修費用也較便宜，客戶通過電腦軟件收集數據，協助管理司機及貨車團隊，可見兩者對未來電動貨車（Electric Transit Van）銷售充滿信心。

Uber創辦人兼行政總裁卡蘭尼克（Travis Kalanick）認為自動駕駛技術乃絕不可少的投資，並曾預言整個汽車業最終轉向自動駕駛汽車方向發展，可惜Uber因ATG的長遠發展而帶來高昂成本及安全挑戰，2018年一輛載有安全駕駛員的Uber自動駕駛汽車在亞利桑那州撞死一名過馬路的婦女，逼使Uber暫停自動駕駛測試，調查結果為Uber自動駕駛汽車未能識別行人或及時剎車，令其安全規格及技術備受嚴重質疑。

從Google聘請的新領導因被控竊取機密而坐牢，令Uber業務在疫情下虧損擴大，早前先行出售Uber旗下電動單車「共享Jump」予「電動滑板者Line」，逼不得已才出售這未來的寶藏，雖然ATG估值從2019年軟銀、豐田及汽車零件供應商日本電裝（DENSO）入股為72.5億美元，今次出售全部股權只值40億美元，但Uber只花費4億美元便可持有合併公司26%股權，實為非常聰明之舉，既損失不多，也可投資於合併後更壯大的Aurora。

各位亦必須留意Tesla在2021年計劃推出全自動駕駛訂閱服務（Full Self-Driving，FSD），車主無需支付高昂的前期費用也可升級座駕的軟件功能，究竟未來屬一次性或採用月費形式把駕駛功能逐步提升至全自動駕駛水平？大家不妨拭目以待。

自駕車引出不少相關創新投資機遇

無論自動駕駛、機械人技術、工業自動化、智能基建設施等，光學雷達（LIDAR）乃必備的硬件，美國初創企業Ouster成立於2015年，累計集資1.4億美元，2020年12月再次籌資4,200萬美元，供產品開發及國際銷售等。

光學雷達的傳感器主要以激光照射物品，並測量反射脈沖的光子，便可測量與物體的距離，除為自駕車系統核心外，光學雷達更適用於採礦機械人、檢測阻礙物、太空大氣研究、林業管理、風電場優化、車速執法、視像遊戲等等。

據科技媒體Ars Technica報道，以高質量激光雷達的市場領導者Velodvne為例，開發單一傳感器價格為7.5萬美元，定價較一輛電動車更昂貴，但Ouster入門版32通道光學雷達（OSO）售價只是6,000美元，不到Velodvne十分之一價格，極具競爭力，即使最高級別的128通道光學雷達（OS2-128）、240米射程達80%反射率，能處理超過一萬億個光子，每秒產生260萬個數據點，售價亦只是1.6萬美元，即20%價錢而已，Ouster競爭力非常強橫。

Ouster現已擁有逾800多個客戶，包括美國陸軍，太空總署、史丹福大學、麻省理工學院等，預料2030年企業市場規模達600億美元，各位更宜留意此企業何時上市，將來自動駕駛衍生更加不同供應鏈及行業，還有相關科技發展及進化。

估值方面，如中國電動車理想汽車（LI.US）因債務影響股權價值表現較差，2020年底股價為其企業價值的7.7倍，但舊經濟的代表美國通用汽車（GM.US）只是1.1倍，相對地非常便宜。

鑑於電動車市場競爭日趨激烈，通用決定增加電動車研發投資金額35%，至270億美元，未來電動車更全面、更多元化，其電動車售價從3.5萬至10萬美元不等，2023及2025年分別推出20及30款電動車；此外通用與LG在美國俄亥俄州興建生產低鈷金量Ultrium鋰電池模組，以應付電動車需求，協助屬傳統企業的通用汽車轉型，儘管較純電動車企業股價仍然相距甚遙，其2020年股價竟錄得正回報，共上升61.47%，2021年1月初至25日更上升33.05%。

此外，快意佳士拿將於波蘭設廠及投資2億美元，生產新混合動力和電動車版本的吉普（Jeep）、快意（Fiat）和愛快羅密歐（Alfa Romeo）等。

碳排放收入可觀

眾所周知，屬新經濟的電動車沒有任何包袱，包括管理、產品、人才、結構、法例及監管等方面，汽車亦以軟件為主，升級服務方便快捷，將

來利用電腦進行無人駕駛，反觀屬舊經濟的汽車股面對太多現在及過去的承傳等考慮，還需負擔碳排放、轉型引發所需的資本開支等費用，令成本不斷上升，但實力雄厚的舊經濟汽油製造商紛紛急起直追，如寶馬（BMW.EU）加快拓展電動車，冀望從2020年佔電動車市場約8%增加至2023年約20%，增幅達2.5倍，只憂慮德國充電建設緩慢，未能配合相關發展。

電動車如Tesla等卻可獲得碳排放等收入，更為數倍於汽車生產的利潤，未來生產愈多電動車，除出售電動車因量產而協助成本進一步下降，未來中國製造亦或許佔比最多，碳排放收入也極為重要，出售電動車愈多、相關收入愈可觀，筆者相信只有少部份傳統汽車製造商能夠轉型成功，並與電動車企業競爭，各位必須小心留意，或許提供很多投資及沽空機會。

造訪吉利汽車總部。

出席吉利集團資深副總裁及高級工程師張愛群對未來汽車業發展之演講，並與她合照。

2.5
晶片布局
翻天覆地

現時歐美佔全球晶片生產比例非常低,約少於30%,大部份在亞洲,尤其是中國、台灣、韓國及日本等,相信中國將於2030年成為全球最大的晶片製造基地,美國最大的晶片製造商英特爾(INTC.US)大部份晶片於美國製造,其他美國大型晶片製造商的代工地則大多為台灣台積電(2330.TW);美國晶片巨擘Nvidia(NVDA.US)乃最明顯例子,Nvidia只負責設計,然後安排所有晶片在美國以外地區製造,美國晶片業仍佔全球晶片銷售47%,較2000年佔53%稍為回落。

軍事及太空探索上不可或缺

中國經濟40年改革開放,各方面均迅速發展,早已超越日本成為全球第二大經濟體系,若繼續下去,預測中國GDP將於10年內超越美國,令全球一哥美國不得不放下身段,特朗普更不理大國形象,竭盡所能打擊中國,自2018年中美博奕不斷升級,包括科技、貿易、金融、文化、外交、軍事、太空等。

美國更利用國家安全的旗幟要脅盟友如歐盟等打擊及圍堵中國，晶片便為其中一項重要焦點，因而首先槍打出頭鳥，華為成為最鮮明例子，然後不斷擴大針對範圍，波及眾多中資企業，如限制購入晶片、要求美國資金撤離中資股、剔除中資股於指數內等嚴厲措施。

除大量應用於消費品外，美國一直認為晶片乃發展軍事及太空探索不可或缺的元素，美國太空行業使用的晶片約佔一半屬美國製造，美國製造的晶片佔醫療器械業25%、醫藥23%、石油化工19%、晶片製造12%、電腦軟件8%、消費電子3%等；加上2020年新冠肺炎影響全球生產和供應鏈，尤其是亞洲，美國決心把晶片生產搬回美國，當中更要求台灣台積電在美國設廠。

中國全力發展第三代半導體

目前中國使用的晶片達90%從外國輸入，配合未來「十四五規劃」（2021-2025），預計中國勢將增加研發支出，從佔GDP之2.2%大幅增加至3%，增幅近40%，集中提高環球供應鏈的競爭力，中國多年來不斷巨額投資於科技升級，如機械人、自動化、智能製造、數碼供應鏈、雲技術、數據中心、電腦伺服器、5G科技及醫療科技企業等，全部需要極大量及先進的半導體，故半導體對國家安全非常重要，猶如當年新中國成立時發明和製造原子彈般；中國全力發展第三代半導體進程如下：

1. 第一代為「N＋1」，乃中芯（0981.HK）在第一代先進工藝14納米產量之後；

2. 接著研發的第二代先進工藝之代號，兩者相比，功耗降低57%，可惜性能只提升20%，但仍低於7納米，遜於14納米之35%基準性能提升，但由於工藝在功率和穩定性方面與7納米非常相似，性能提升仍不夠，故「N＋1」把面向低功耗應用領域，重點為「N＋1」不需要荷蘭光刻機製造商（ASML）的極紫外（EUV）光刻機，中芯現時使用的（DUV）光刻機已無法滿足精準度要求，而且美國阻止ASML（ASML.US）供應（EUV）光刻機予中國，「N＋1」成為唯一發展出路。

市場估計中芯與全球晶圓代工龍頭企業台積電的技術差距最少達4年，雖然所有「N＋1」IP全為中國生產，但中芯較低端在45納米、28納米製造過程中仍必須與IBM（IBM.US）、高通（QCOM.US）等美國企業合作，一旦美國加緊制裁中芯的話，相信中芯或全中國製造商必須盡快啟動「去美國化」計劃，現時中國只能利用市場換取空間。

第三代半導體應用料5年後普及

阿里達摩院科研機構發布2021年十大科技趨勢報告中，預期第三代半導體應用將實現突破，隨著新材料生產、器件製備等技術不斷進步，第三代半導體的性價比優勢逐漸顯然，相信在未來5年第三代半導體材料的電子器件將被廣泛應用於5G基站、新能源汽車、特高壓及數據中心等場景；半導體的原材料分別為：

1. 第一代半導體使用的物料以矽及鍺為主；

2. 第二代則以砷化鎵及磷化銦等化合物為主；

3. 第三代以氮化鎵、碳化矽、硒化鋅等寬帶半導體原料為主。

第三代半導體主要功能改善，包括：對高溫、高壓、電流耐力加大，但功率及工作頻率提高，功耗及發熱低，抗輻射能力也較強。

筆者認為人工智能（AI）已在 2020 年協助加速疫苗研發，相信未來 AI 更廣泛及大量應用於生產環節，現時只為開端，如太空、軍事、汽車、消費電子、服裝、鋼鐵、石油化工、甚至晶片製造等，行業供應鏈及物流生產銷售所有環節均可全面智能化，大幅提升生產及營運效率。

半導體行業投資策略

相信中國未來 5 年全力發展第三代半導體，策略與發展 5G 類似，便可擺脫 4G 受外國知識產權及供應等控制之可能性，製造過程之要求並不高極為重要，不像第一代和第二代半導體般高要求，只有 1、2 家企業如 ASML 可以供應相關的光刻機；投資半導體行業策略：

1. 最上游企業如荷蘭 ASML 光刻機製造商、應用材料（AMAT.US）、泛林（LRCX.US）、科磊（CREE.US），如欲製造優質的半導體，最佳的製造機器及物料必為首選，所謂「工欲善其事，必先利其器」，故最值得投資。

2. Nvidia（NVDA.US）只集中設計晶片及銷售，卻不設廠房，Nvidia在1993年成立，股價至2020上升123.47%，2019年也上升76.25%，2018年則下跌31.01%，2020年10月底公布其第三季業績，淨利潤為13.36億美元，按年大升49%，每股經調整盈利為2.91美元，優於預期之2.57美元，收入急增57%，至47.3億美元。

   該公司財務總監指出，數據中心收入突破紀錄，達19億美元，按年上升162%，主要源於剛收購的Mellanox，貢獻約三分之一數據中心收入，該公司在2020年第四季資本開支介乎3至3.25億美元，預期遊戲、專業視覺化、車用晶片等業務將按季增長，低數據中心業務略為放緩，皆因中國訂單減少；近期該公司最大型項目為2022年首季完成收購半導體公司ARM，屆時可望提升毛利率和每股盈利。

3. 英特爾為全球最大半導體設計及製造商，與南韓三星並駕齊驅，英特爾在1968年成立，早已成此行業的龍頭企業，現時面對激烈競爭，尤其是AMD（AMD.US）在2019－20年推出7nm Zen2及Zen3，IPC效能大幅提升，單核、多核效能均領先英特爾，難怪2020年英特爾股價下挫18%，反而對手AMD股價同期上升96.64%。

   故維權股東、對沖基金經理Third Point在2020年12月29日去信英特爾管理層，要求英特爾必須認真地研究戰略及替代方案，其中提議分拆晶片設計和生產業務最佳，有助專注晶片設計對抗對手AMD，同時容許接受外來訂單增加生產業務收入，尤其是集中在電腦和數據中心處理器晶片主要供應商之地位，望能重奪被台積電（TSM.US）及三星等對手搶去的份額市場。

若Thrid Point的變革要求能獲得其他股東同意，相信這家大型晶片商可能出售部份過去從併購所得的資產，包括2015年以167億美元收購可編程晶片製造商Altera及分拆半導體設計或製造，故各位可考慮購入及等待這些消息獲得確認，估計應可正面刺激股價；最糟的情況或可能股價原地踏步或微跌。

英特爾已委任新任行政總裁格爾辛格（Patrick P. Gelsinger），他曾於40歲時成為英特爾的CTO，後來轉投EMC旗下V Mare及成為CEO，期間把握雲計算的機遇，協助提升該公司收入3倍，英特爾董事局及投資者冀望新任CEO帶領英特爾從一家中央處理器（CPU）

生產商變更為多架構（XPU）的大型廠房，XPU指電腦運算從單一的CPU發展至橫跨CPU、GPU、FPGA及其他加速器的混合架構統稱。

若公司改革不獲股東支持，亦可考慮購入其對手AMD股票，其2020、2019及2018年股價分別上升101.24%、148.43%及79.57%，較NVIDIA股價過去3年升幅更平均，累積升幅更勝一籌。

4. 半導體專業代工製造主要為台積電、格芯（Global Foundries）及三星等，當中台積電的定價能力非常高，記得蘋果MacBook結束與英特爾多年合作，改為使用自家研發的M1處理器，卻未能如市場預期般減價，未知是否希望賺取更多利潤？抑或如德銀認為因代工的台積電5納米製造成本太高？繼而無法調低價格，從前蘋果一直在半導體的供應鏈佔盡優勢，議價能力非常強橫，如今蘋果因代工成本上升而提高產品價格，證明台積電短期在供應鏈的定價能力高於蘋果；或許台積電在數據中心、手機及運算晶片等議價權亦超越上游設計商如Nvidia等，2020年台灣加權指數上升22.4%，台幣兌美元上升6.744%，合共上升逾29%，台積電股價升幅優於指數兩倍，達58.61%。

2021年初全球汽車用晶片緊缺，盛傳美、德、日等要求台灣增產，此源於美國制裁中芯及汽車市場復甦所致，台灣代工廠因而吃香，並擬於2021年春節後加價，以8吋晶圓製造汽車用芯片大缺為例，代工廠聯華電子及台積電繼2020年第4季加價10%-15%不等後，再次加價15%，故其2021年業務及盈利已獲保證。

5. 南韓三星從事晶片設計和晶片製造數十年，若經濟逐漸復蘇，相信記憶體價格將回升，加上2020年第三季價格曾急挫30%，無論是DRAM或NAND記憶體價格仍處於低位，較2018年下跌約50%。

三星在2021年大幅擴大記憶體生產及晶元代工，若預期與事實吻合，相信三星股價將再上一層樓，三星市值佔韓國指數20%，2020年韓國KOSPI指數創下新高，至2,878點，上升30.8%，加上韓圜兌美元升6.326%，合共上升逾37%，若三星股價升幅優於指數，回報更豐！預期2021年美元進一步下跌，即韓圜有機會再次上升，屆時應可賺取股價及匯價升幅。

6. 中芯面對內憂外患，首先核心高層人士大震盪，盛傳梁孟松因不滿新副董事長蔣尚義任命而請辭，他們均為資深半導體實業家，擁有豐富工作經驗和專業知識，其中梁孟松主張循製程精準度突破，較目前的3nm進一步縮小，藉以提升運算力及節省能耗，他亦曾在AMD、台積電及三星等任職，專注於高端製程，成功率較高及風險較低，但需時可能稍長。

梁孟松在這方面經驗優勝，其過往經驗均於美國歷史悠久的著名科技公司如德州儀器及惠普任職，也於台積電擔任高層，或許他缺乏精準製造經驗，但他較熟悉材料及設備供應鏈等，面對物理限制，製程難於再次大幅收縮，應該循先進封裝，晶片集成等靈活方向尋求突破，面對紫外光刻機（EMV）、中美科技及金融戰下，相信蔣尚義亦難以提升中芯至更先進製程。

中芯董事局採取未來生產策略之爭猶如豪賭般，兩人一起合作及採取兩種策略分別發展為佳，若兩者均成功，協助不謀而合地加快中芯提前達標，否則，其中一個策略成功，失敗風險亦降低。

中芯未來幾年能否成功發展第三代半導體？倘若梁孟松不幸真的離開中芯，蟬過別枝至檔華虹（1347.HK）機會較大，對華虹未來盈利、創新及股價皆有利，值得各位留意。

7. 比亞迪（1211.HK）分別於電動車、新能源電池、晶片等設立自家一套產業鏈，不僅可以充分自給自足，還有餘量向外供應，若比亞迪能夠分拆電池或晶片等業務，相信各子公司更可集中發展，也有利母企比亞迪股價及盈利，難怪2020年比亞迪股價勁升401.93%，表現僅次於Tesla（TSLA.US）及蔚來汽車（NIO.US）股價升幅。

全球「芯」荒

除新冠疫情繼續擾攘外，2021年全球亦面臨「芯」荒，原因如下：

1. 隨著中美科技戰愈演愈烈，晶片短缺問題已從汽車行業蔓延至智能手機、電子設備等領域；

2. 疫情影響東南亞地區封鎖，癱瘓供應鏈；

3. 日本旭化成半導體廠發生火災；

4. 意、法半導體工廠罷工，導致8吋晶圓代工產能緊張，供應短缺；

5. 中國在5G手機、手提電腦和汽車等需求增長較預期快；

6. 歐美諸國因新冠疫情增加手提電腦、手機訂單。

由是故之，晶片全球缺貨，全球主要生產廠商自行組成行業團體「世界半導體貿易統計組織」，並預期2021年中市場按年增長8.4%，據悉台積電、格芯2021年產能已滿額，現正提升晶片產能；與此同時，中長期負面因素包括：

1. 中國未來動用全國資源研究及先行生產第三代半導體；

2. 全球所有科技巨頭紛紛自行研製晶片，以便適合他們特殊的用途，令到晶片表現更加精準、更高效率；

3. 綜合上述第1及2點，未來半導體需求或減少，但按上文六點所述，全球對半導體需求應該超越這方面影響，尤其是前者。

2.6
覷覦
ESG 基金

除金融科技的 ABCD 字母（Artigical Intelligent、Blockchain、Cloud Computing、Big Data）外，相信許多人對 ESG 已逐漸耳熟能詳，此源於港交所要求上市企業提交 ESG 報告，初時並非強逼性，現已要求必須加入，當然暫時全球 ESG 沒有國際標準，須知各行各業或地區／國家的發展階段有所不同，即使企業已具規模及上市，分別卻大不同。

從環保、社服及企管考慮

許多大型企業的體積早已非常龐大，部份更富可敵國，十分容易樹大招風，爭取盈利之餘，更必須從環保（Environment）、社會服務（Social）及企業管治（Governance）等回饋社會，冀望政府以他們為模範，協助企業穩健地繼續發展及壯大，故認為此乃企業「發財立品」之舉。

如欲符合 ESG 的要求，各大企業必須投入頗多資源和時間才有機會達成，但如今時移世易及社會進步，一眾新經濟企業創業之初均冀望建立良好的企業形象及品牌效應，創造盈利與造福社會並肩而行，此舉更容易吸引投資者的目光，尤其是家族基金、慈善團體旗下的基金、集中投資於 ESG 為目標的創投基金或其他機構管理的資金。

雖然港交所已就上市企業如何準備ESG報告提供很詳盡的指引，但筆者認為企業的管理人／團隊及企業本身必須抱持更高的道德標準，以「君子企業」形容較為貼切，其他類似的社會企業責任包括SRI、CSR及Impact Investment，企業進行各項活動時，必須為社會帶來正面影響；另一重要因素為持續性，預料未來ESG發展必然影響政治、經濟及社會等範疇，必須持之以恒（Sustainability）才可不斷擴大影響。

現時社會企業也要求持續性，除造福社會外，企業第二個重要目標為必須獲利，一般企業當然以盈利為首要目標，其次才是CSR、SRI、Impact Investment、綠色及ESG投資！

投資 ESG 大勢所趨

除上市企業外，其他ESG持份者包括監管機構等，如港交所及證監會制定及推行相關法例，還有不少跨國基金公司在歐美等地均已成立ESG基金，但這些基金表現似乎分野不太大，尤其是長線表現能否優於其他同類型或沒有以ESG為主題的基金，仍有待驗證。

過去曾接觸回報頗佳的美國邪惡基金，其投資包括博彩股、煙業股等，近年來表現已轉趨一般，ESG更設有除外名單（Exclusions），進一步表明不投資於某些類型行業，包括傳統武器製造商、核武、傳統煤沙煤礦、違反UNGC的企業等，若投資者懂得何謂肩負社會企業責任，應不投資於這些邪惡行業的基金及旗下投資的股票，即使獲利甚豐，投資者總覺得對不起自己的良心！

出生或成長於千禧年代的企業家、投資者、或機構投資者的管理層理念有所不同，其投資目標大多以改善社會為首位，利潤才是次要，當一些基金及投資經理看到目前中美互相抗衡，預料武器的銷量必然增加，或現時美國各大主要城市接連發生示威事件，美國人紛紛因自保而購買手槍自衛，令這些武器生產商營業額大增，投資於這些企業可能大幅獲利，卻助長社會動亂或死傷者增加。

所以良心企業、抱持社會企業責任的投資者或旗下基金均不會投資於這些基金或股票，讀者們有否同感？

美國ESG落後於歐、加

無論在上市企業或投資者方面，符合ESG要求的上市企業在最成熟國家如英國、歐洲及加拿大差不多佔80%，美國卻非常落後，上市企業只有20.8%，遠遠落後於一眾成熟國家，投資者亦只有58.1%；香港的上市企業只有12.6%，反而投資者達40%，故香港必須急起直追，望能與國際水平接近。

圖表2.61 符合ESG要求的上市企業佔比

英國、歐洲及加拿大	近80%
美國	20.8%
香港	12.6%

畢竟ESG基金表現仍有待驗證，現時主要參與的機構大多為長線投資者，尤其是家族基金、銀行及金融機構、退休金及保險公司資金、主權

基金、基金會（Foundation）、捐贈基金（Endowment）、基金中基金及散戶等。現時ESG的資產增長屬線型、並非拋物線式，若將來更多持份者籌集資金及出謀獻策，才有機會以拋物線式增長。

在許多ESG基金十大持股中，如貝萊德及JP Morgan等旗下基金持有達6成為科技巨企，包括Facebook（FB.US）、微軟（MSFT.US）、亞馬遜（AMZN.US）、Alphabet（GOOGL.US）及蘋果（AAPL.US）等，變相可考慮購入科技基金或ETF代替ESG為佳；香港海通證券亦在2020年推出首隻ESG ETF。

圖表2.62 貝萊德ESG基金表現及十大持股

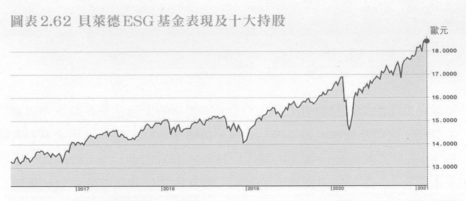

	股份	股份代碼	佔比%
1	T 1½ 02/15/30	912828Z:GOV	4.99
2	BTPS 1.35 04/01/30	ZR343798:COR	3.20
3	Microsoft Corp	MSFT:US	2.96
4	iShares MSCI USA SRI UCITS ETF	SUAS:LN	2.94
5	iShares USD High Yield Corp Bo	DHYE:NA	2.37
6	JGB 0.1 09/20/30 #360	ZO739535:COR	2.05
7	Bluefield Solar Income Fund Lt	BSIF:LN	1.96
8	Triple Point Social Housing Re	SOHO:LN	1.78
9	Starwood European Real Estate	SWEF:LN	1.57
10	T 0 ⅛ 07/31/22	91282CAC:GOV	1.53
		總佔比	25.53

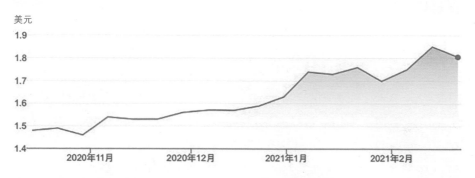

圖表2.63 海通MSCI中國A股ESG ETF（9031.HK）走勢及十大持股

	股份	股份代碼	佔比%
1	貴州茅臺	600519	5.01
2	招商銀行	600036	3.78
3	寧德時代	300750	3.74
4	中國平安	601318	3.61
5	中國中免	601888	2.50
6	興業銀行	601166	2.48
7	五糧液	000858	2.18
8	比亞迪	002594	1.66
9	平安銀行	000001	1.64
10	隆基股份	601012	1.61
		總佔比	28.21

近期美國年輕及散戶投資者數量大幅增加近倍，由2020年1月份5百萬增加至5月份1千萬，這類投資者被稱為「羅賓漢」，他們對一眾科技股充滿信心，並欲伺調整之機再次增加投資，他們覺得未來乃5G世代，人工智能、智慧城市、大數據、雲端、網絡安全、晶片、宅經濟、電動汽車、網上會議及溝通等服務及產品天下，更為他們未來不可或缺的生活必需品，令美國散戶投資者產生貪婪與恐懼（Greed & Fear），他們恐怕錯過目前及將來科技大趨勢（FOMO：Fear of Missing out）！各位讀者絕不能錯失（Missing out）今次新經濟、科技大趨勢。

許多美國人因爆發疫情而申領救濟金，相關金額或高於工資，既然他們被困在家中，索性安心地投身股海，令科技股升勢更如虎添翼，據悉散戶們已預留資金，一旦納指回調的話，他們旋即增加投資。

由此觀之，未來在美國新經濟股或科技股的高增長前景下，即使遇上疫情及示威等逆市，相信新經濟股及科技股收入增加，盈利及股價將持續向上，增強投資者信心，投資者因而伺調整之機吸納，2020年納指再創新高，共上升46.4％，2021年初至1月26日上升5.8％，更似乎有餘未盡，各位宜把握之！

2.7
新經濟ETF
百花齊放

眾所周知ETF在長線投資時一般都能享受整體市場向上的優點，又可減輕個別股份表現欠佳對投資組合的影響，因此相較投資於個別股票，更能減低風險和波動，可以分散風險。透過了解的板塊或行業ETF旗下持倉，可以快速了解到相關板塊或者行業中表現較為突出的個別股份，雖然ETF旗下個別股份並非及時披露，但也可以對比前後了解成份股的增持、或者減持、或者現金升幅或跌幅，藉以判斷基金經理對於企業和整個行業前景的看法。

目前投資者關注的重點是看不到天花板的科技板塊，因此科技板塊ETF的成交量不斷地增加。按目前的市值計算，美股市場中，科技板塊ETF排名前五位的分別為：

- Vanguard Information Technology ETF；
- Technology Select Sector SPDR Fund；
- iShares U.S. Technology ETF；
- iShares Expanded Tech-Software Sector ETF；
- First Trust ISE Cloud Computing Index Fund。

市值最大的則為Vanguard Information Technology ETF，達到7,943.2億美元，2020年收益平均達到34%，其中iShares Expanded Tech-Software Sector ETF 2020年收益接近41%。

從這五隻ETF前15大持倉中可以發現，市值排名前三位的ETF持倉最多的股票為Apple（AAPL.US），而且權重均超過20%。除Apple以外，五隻ETF均重倉於Microsoft（MSFT.US），且Microsoft在五隻ETF持倉排名中均佔前三位。除了傳統的科技巨頭，如Apple，Amazon（AMZN.US），Microsoft，Facebook（FB.US），Alphabet（GOOGL.US）等股票外，從這些科技板塊ETF的持倉中也不難發現受新冠肺炎衝擊的影響，電商和網上支付企業也愈來愈受到青睞，諸如Visa（VS.US），Mastercard（MA.US），PayPal（PYPL.US），Shopify（SHOP.US），Alibaba（9988.HK）等電商或支付平台也均在這些科技ETF的主要持倉名單中。

此外，全球科技公司都離不開的芯片產業，也是科技ETF基金經理關注的重點板塊之一，因此諸如英特爾（INTC.US）這類芯片股也在科技ETF持倉中。目前對於科技的定義愈來愈廣泛，因此對於科技板塊的投資範圍也愈來愈大，從這五隻ETF的持倉中可以看見，人工智能股已經頻繁地出現且比重也愈來愈大，諸如NVIDIA（NVDA.US），Oracle（ORCL.US），Salesforce（CRM.US），Twilio（TWLO.US）這些市場中主流的人工智能股出現在持倉名單的比重和次數也愈來愈多，尤其是Salesforce這類給客戶提供隨時應用的客戶關係管理平台，同時建立他們各自所需應用軟件企業的萌發也吸引了愈來愈多投資者的關注，因為這類人工智能企業的出現對於用戶而言，可以避免購買硬件，開發軟件，減少前期投資和後期管理，對於希望於控制成本的新興企業是不可多得的選擇。

除了人工智能以外，科技ETF對於還有很大成長空間的遊戲板塊的關注也是愈來愈大，市場主流的遊戲企業Electronic Arts Inc（EA.US），Activision Blizzard Inc（ATVI.US）同樣榜上有名。

跟隨ETF投資的好處不僅可以抓住諸如科技股板塊的漲勢，更可以幫助投資者更深入的了解行業的變遷及更廣泛的接觸到個人投資者很難觸碰到諸如人工智能這類板塊的股票。

透過ETF的十大持股便可了解旗下股票、某一企業或某些行業表現出色，然後考慮大量購入相關的新經濟股，相信獲利較多及穩妥；同樣地，傳統的新經濟或科技基金亦展示其十大持股，各位可分析為何大多表現出色的科技基金均持有某類型、行業或個別股份，由於核心持有，對基金表現貢獻最大，況且利用每月或每周追蹤持股及百分比變化影響相關基金表現，相信讀者們參透箇中因由，各位必定獲益良多。

圖表2.71 Vanguard Information Technology ETF 十大持倉

Name	Holding Allocation
Apple Inc.	21.50%
Microsoft Corporation	16.61%
NVIDIA Corporation	3.51%
Visa Inc. Class A	3.26%
Mastercard Incorporated Class A	2.94%
Adobe Inc.	2.45%
salesforce.com, inc.	2.38%
PayPal Holdings Inc	2.37%
Intel Corporation	2.13%
Cisco Systems, Inc.	1.73%

資料來源：Bloomberg，資料截至 2021 年 2 月 9 日

圖表 2.72 Technology Select Sector SPDR Fund 十大持倉

Apple Inc.	23.38%
Microsoft Corporation	19.73%
Visa Inc. Class A	4.26%
NVIDIA Corporation	4.00%
Mastercard Incorporated Class A	3.54%
salesforce.com, inc.	2.91%
PayPal Holdings Inc	2.80%
Adobe Inc.	2.75%
Intel Corporation	2.39%
Cisco Systems, Inc.	2.15%
Total Top 10 Weighting	67.91%

資料來源：Bloomberg
資料截至 2021 年 2 月 9 日

圖表 2.73 iShares U.S. Technology ETF 十大持倉

Apple Inc.	19.71%
Microsoft Corporation	16.63%
Facebook, Inc. Class A	4.19%
NVIDIA Corporation	3.88%
Alphabet Inc. Class A	3.44%
Alphabet Inc. Class C	3.37%
salesforce.com, inc.	2.82%
Adobe Inc.	2.66%
Intel Corporation	2.32%
Cisco Systems, Inc.	2.08%
Total Top 10 Weighting	61.10%

資料來源：Bloomberg
資料截至 2021 年 2 月 9 日

方舟投資ETF走勢凌厲

受到英國與歐盟達成脫歐後貿易協議帶動，加上憧憬美國即將達成刺激協議，美股及全球主要股市繼續於歷史高位附近徘徊。

回顧美股2020年表現，雖然主要指數均創紀錄，惟納指卻明顯亮麗，2020年漲逾4成，遠遠跑贏進賬不足一成半的標指及只有約半成升幅的道指。科技股成為2020年的大贏家，同時造就方舟投資（ARK Investment Management）的傳奇。

由基金經理Catherine Wood在2013年創辦的ARK Invest，主力投資該公司預期未來5至10年可實現長線增長的創新科技企業，現擁有5隻主動型ETF及兩隻被動型ETF。當中，旗艦基金ARKK集基因、互聯網、工業及金融科技於一身，市值正朝著200億美元進發。

Catherine Wood的ARK Invest具有3大特色——集中投資巔覆性科技、開放式研究生態系統（Open Research Ecosystem）及主動型資產管理。她相信巔覆性科技長遠可為企業降低成本及提升需求，並能跨越產業及地域限制，衍生更多創新科技發展。重注買入電動車公司Tesla（TSLA. US）股票就是ARK Invest其中一個成功的投資決策。

主動型ETF均漲逾倍

2020年以來旗下五隻主動型ETF，均錄得逾100%漲幅。當中，表現最好的為「ARK Genomic Revolution ETF」（ARKG），2020年至年底升

幅達 207.58%，表現最差的「ARK Autonomous Technology & Robotics ETF」（ARKQ），亦進賬 106.41%。耀眼的績效為市場趨之若鶩，瘋狂買入 ARK 的 ETF。

圖表 2.74 方舟投資 5 隻主動型 ETF 表現比較

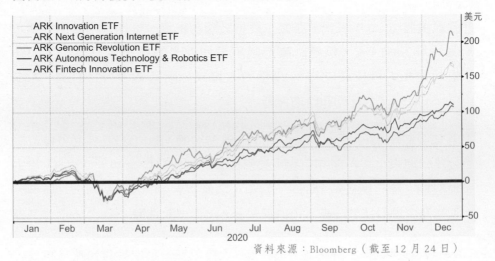

美元

ARK Innovation ETF
ARK Next Generation Internet ETF
ARK Genomic Revolution ETF
ARK Autonomous Technology & Robotics ETF
ARK Fintech Innovation ETF

Jan Feb Mar Apr May Jun Jul Aug Sep Oct Nov Dec
2020

資料來源：Bloomberg（截至 12 月 24 日）

FactSet 數據顯示，只有七隻 ETF 的方舟投資，2020 年 12 月份至 2021 年初淨流入的金額就已達到 68 億美元，在 ETF 類別中吸金程度排名第三，僅次於坐擁數百隻 ETFs 的兩大巨頭 Vanguard 和貝萊德（BlackRock）旗下 iShares。

2020 年聖誕假期前夕，投資者熱情未減。ARK 的主動型 ETF 中，最具指標性的 ARKK，據 ETF 專家 Eric Balchunas 透露，其單日吸金額再破

歷史紀錄，達到3.8億美元，帶動方舟投資的資產管理規模進一步增至362億美元，為兩個月前之兩倍。

擠擁交易（crowded trade）卻引起Balchunas擔憂，因現在ARKK一隻ETF的資產管理規模已經超越240隻主動型ETF總和，令到ARKK「難以進出」小型股。

五大科技　重塑全球

Balchunas表示，由於資產規模過於龐大，2020年ARKK在大型股持倉的比重從10%增加至77%，小型股持股比重則從以往的13%下降至趨近於零。ARKK對15家大企業的在外流通股票持股佔比達到10%。ARKK資產持續膨脹，未來將難以配置小型股，令其缺乏靈活性。

儘管ARKK難以靈活交易，恐會衝擊將來績效，惟Catherine Wood的遠見卻具有很高的參考價值，其預言的重塑全球經濟的五大科技範疇（DNA測序、機器人技術、能量儲存、人工智能及區塊鏈技術），確實值得投資者借鑑。

Chapter 03

雲相關的投資機遇

3.1
尋找下一個
FAAMG

自2020年3月由新冠肺炎引起的股市大跌後，在老牌科技巨頭企業FAAMG（Facebook, Apple, Amazon, Microsoft, Google）帶領下，美股實現了快速反彈，也讓投資者意識到科技企業崛起神速。目前這五大科技巨頭市值總額佔標普500企業總市值約23%，也愈來愈加深投資者對於標普500指數集中性風險增加的擔憂。此外，在新冠肺炎催化下，五大科技巨頭2020年漲勢明顯，但投資者也開始將能否持續增長以及高估值等因素考慮在內，雖然短期這些科技巨頭仍是市場熱門，投資者卻開始尋找下一個FAAMG的潛在替代者。

新冠肺炎以及其潛伏特性令雲需求激增，使得雲計算板塊迎來前所未有的快速發展，2020年雲計算企業IPO數量也創新高，愈來愈多雲計算企業像雨後春筍般出現。數據統計機構Garner稱2019年全球雲計算市場的總市值達到1,880億美元以上，在SaaS、PaaS、IaaS三個子板塊中，SaaS發展較快且2019年規模也超過1,000億美元，佔整體板塊比例接近60%。在雲計算服務需求激增的背景下，企業對於數據處理屬上游領域和網絡安全屬下游領域的需求也跟著上漲。

Twilio - 雲通訊佼佼者

雲通訊市場最具代表性的企業之一Twilio（TWLO.US），2020年錄得192.59%回報，其主要業務是為客戶搭建一個雲通訊平台，為企業提供及時通訊相關服務。目前Twilio擁有29個雲數據中心，為180個國家的開發者提供服務，2020年二季度公司營收按年增長幅度高達46%，且Twilio預計未來四年每年營收增長至少30%。此外，Twilio宣布將以32億美元的全部股票收購客戶數據平台初創企業Segment，Twilio市值也逐步逼近500億美元大關，也意味著Twilio在雲市場還有潛力給予投資者更多的空間。

Palantir - 大數據分析

2003年成立於硅谷的Palantir（PLTR.US）是一家專注於政府和金融領域的大數據分析公司，也是全球最神秘的科技公司，它向政府部門、金融、健康和其他行業等企業提供數據分析、訊息安全和其他數據管理解決方案。它致力於開發用於反恐行動的軟件，主要客戶包括美國中情局（CIA）等政府機構，後來將服務延伸至金融，零售，公共事業等領域。Palantir最著名的事蹟是在奧巴馬時期利用大數據技術，鎖定恐怖份子拉登，協助美國軍方在2011年成功擊斃拉登。

Palantir自2003年成立以來從未實現過盈利，主要由於Palantir一半以上的收入都來自於CIA等政府機構的保密數據合同，但近幾年來Palantir

不斷增加商業訂單的比例，其淨虧損從2018年的5.80億美元略微收窄至2019年的5.796億美元。在2020年上半年，Palantir淨虧損從2019年同期的2.805億美元收窄至1.647億美元。2019年Palantir收入增長25%，2020年上半年收入按年增長也達到49%。預計2020年收入達到約11億美元，按年增長幅度能達到42%。

Palantir有三大業務模塊，三者差異化定位的同時互為補充。三大模塊分別是在Palantir的託管環境中訪問軟件的運行服務訂閱（Palantir雲）、在客戶的環境中的軟件服務訂閱（On-Premises software），以及輔助前二者的專業服務。Palantir研發的針對政府業務的Palantir Gotham和針對企業業務的Palantir Foundry以不同行業客戶業務特點為切入點，深入垂直行業打造超過17種解決方案。如Gotham通過對語言、時間、地理空間等因素的分析結合Palantir的數據庫調查潛在威脅，比如可以幫助士兵免受簡易爆炸裝置的襲擊，Foundry可以幫助客戶獲取、連接並將數據轉換成客戶想要的任何形式。

採取直接上市

Palantir並沒有採用傳統的首次公開發行（IPO）募集資金，轉而使用了直接上市（DPO）募集資本。雖然這是不需要與投資銀行合作承銷發行股票的一種更快、成本更低的籌集資金的方法，公司僱員和投資者可以隨時買賣股票及兌現，不像傳統IPO有鎖定期，因此公司需要承擔潛在

市場波動的風險。不過獨角獸Palantir首日上市並沒有令投資者失望，上市首日就錄得31%的漲幅。

Palantir的風險在於單個客戶（如政府）對公司的營收貢獻佔比高，這極大增強業績表現可能因某一大客戶撤單而出現暴跌的風險。雖然Palantir不斷增加商業訂單的比例，但目前政府訂單無論是在營收佔比或是增長方面都絕對優於商業訂單的表現。因此目前Palantir面臨包括可能出現的公司治理問題、收入放緩、虧損持續、商業客戶流失等風險。不過，Palantir高收費模式及大型客戶定位使Palantir自然而然具有高收入屬性，加上其得當客戶關係經營策略為Palantir收入的提升注入長期驅動力。

CrowdStrike － 守護網絡安全

科技進步發展也令科技犯罪愈來愈難以偵查，為免造成不必要的損失，為了能讓諸如雲數據分析、雲數據儲存、雲數據通訊等功能的正常運轉，對於網絡安全管理服務的需求也直線上升。CrowdStrike（CRWD.US）是目前網絡安全維護的代表企業之一，主要針對幫助企業，通過利用複雜的數據分析監測網絡中的異常現象與及時作出應對措施，避險遭受網絡攻擊。CrowdStrike 2020年二季度營收達到近約2億美元，按年增長幅度高達84%。2億營收中訂閱收入為1.84億美元，按年增長89%。企業規模效應也逐漸形成，2020年二季度新增用戶數量按年

增長比例接近100%。雲端企業目前對於網絡安全重視程度愈來愈高，不管企業規模大小，網絡安全保護是必不可少的一個環節，難怪其股價2020年竟然上升249.03%，因此CrowdStrike的潛在客戶群範圍十分廣泛。

Okta – 檢測網絡威脅

企業外部與內部的安全漏洞為企業帶來巨大的損失，所造成的消費者的流失也難以彌補，尤其在目前這個科技發達，通訊技術手段先進的環境中，企業機密數據相較以前更為關鍵但更難管理，尤其是來自企業內部潛在竊取數據的可能，更加難以避免。Okta（OKTA.US）的價值在於它能為企業提供身份管理平台，企業員工便可以很方便地使用單一、安全的賬號，登錄工作中需要使用的各種網絡服務，或者供承包商、合作夥伴和客戶所使用的網絡服務。Okta在全球範圍內的客戶接近9,000家，淨留存率121%，而且同一群客戶每年支付以美元為基礎的收入留存率DBRR一直高於100%。據Okta預期，2021年企業營收有望突破8億美元，收入年複合增速高達46%。Okta的身份驗證服務並不是一成不變，卻依賴於人工智能。隨著時間的推移，Okta將能更有效地檢測來自網絡和雲端的威脅。

3.2
雲的投資選擇
與策略

筆者在2020年9月23日參加亞洲虛擬科技展覽之研討會，並擔任雲之專題演講嘉賓，若談及雲的投資，不得不聯想到巴菲特近來一改其作風，早前他投資於不同類別股份，包括傳統的金礦股，繼而涉足日本，近期最耀眼竟為投資於科技股Snowflake（SNOW.US）的IPO，眾所周知，其投資生涯大部份時間鍾情於非科技板塊，早前只投資於蘋果電腦（AAPL.US）。

Snowflake掌握當今企業技術的兩大趨勢，即大數據處理和公共雲，其關鍵產品為雲的數據倉庫，可以無縫地跨越三大SaaS公共雲運作，企業可從他們所獲得的數據儲存於系統中，並利用這些數據籌劃涵蓋大部份類別的業務決策。

其架構亦為最關鍵之一，客戶使用其平台後，便可以非常方便地與其他客戶交換數據，締造網絡效應，反過來讓更多客戶及更多數據利用此平台為其商業模式服務。

為針對客戶服務所需，Snowflake採取更靈活的定價模式，用戶收費以存儲量多少和時間為單位，並非定額或定量（一刀切）支付模式，怪不得Snowflake在激烈競爭的雲數據庫市場突圍而出，巴菲特亦按捺不住認購其IPO，結果股價在上市首日上升111%，成為有史以來最大升幅的軟件企業。

雲的投資選擇

根據Gartner統計，2019年IaaS雲服務市場增長37.3%，首五名供應商佔據全球市場80%，較2018年上升77%，2019年亞馬遜（AMZN.US）佔45%，位居榜首，微軟（MSFT.US）佔17.9%排名第二，阿里巴巴（9988.HK）佔9.1%排名第三，谷歌佔5.3%排名第四，騰訊（0700.HK）佔2.8%排名第五。

圖表3.21 2018及2019年環球公共雲服務市場佔比

企業名稱	2019年度收入	2019年市場佔比 (%)	2018年度收入	2018年市場佔比 (%)	2018-2019增長 (%)
亞馬遜	19,990.4	45.0	15,495.0	47.9	29.0
微軟	7,949.6	17.9	5,037.8	15.6	57.8
阿里巴巴	4,060.0	9.1	2,499.3	7.7	62.4
谷歌	2,365.5	5.3	1,313.8	4.1	80.1
騰訊	1,232.9	2.8	611.8	1.9	101.5
其他	8,858	19.9	7,425	22.9	19.3
合共	44,456.6	100.0	32,382.2	100.0	37.3

資料來源：Gartner（2020 年 8 月）；以百萬以美元計

綜觀此統計數據，亞馬遜佔比減少，除因基數佔比最大外，亦因第三至五名競爭者市佔率接連上升，尤其是基數愈少、增幅愈大，畢竟他們全屬科技龍頭企業，故不能百分百投資於雲業務發展。從2020年初至9月22日：

1. 亞馬遜股價表現最佳，上升60%，令創辦人成為世界首富，派息率為零；

2. 騰訊上升37.51%成為亞軍，其派息率為0.23%；

3. 微軟上升28%也不俗，派息率亦最高，為1.12%。

預料新加入的甲骨文（ORCL.US）有機會在競爭白熱化的雲服務分一杯羹，必須視乎Tik Tok的收購結果，當然這些龍頭科技巨企並非只依賴雲業務的收入，中長線仍可以穩定及持續增長乃優點，只是不同時間或階段的增速有所不同而已。

雲板塊通常可以被分割為三個子板塊，第一為軟件即服務（SaaS，Software as a Service），第二為平台即服務（PaaS，Platform as a Service），最後為基礎設施即服務（IaaS，Infrastructure as a Service）。市場參與較多，投資者了解較多的為SaaS板塊，供應商通過提供符合客戶需求的功能性軟件可以允許客戶自行儲存和分析數據。PaaS大多為創業者所提供服務，旨在為客戶提供一個可以或所需工具的平台供客戶自行開發自己的系統。IaaS是指由營運商向客戶提供基本的服務包括開發，儲存空間，服務器，網絡等在內的雲計算設施資源。

圖表3.22 雲板塊可被分為三個子板塊

雲

SaaS	PaaS	IaaS
軟件即服務 Software as a service	平台即服務 Platform as a service	基礎設施即服務 Infrastructure as a service
供應商通過提供符合客戶需求的功能性軟件，可以允許客戶自行儲存和分析數據。	大多為創業者所提供服務，旨在為客戶提供一個可以或所需工具的平台供客戶自行開發自己的系統。	由營運商向客戶提供基本的服務包括開發，儲存空間，服務器，網絡等在內的雲計算設施資源。

雲ETF介紹

市場中比較常見的雲ETF主要是Global X Cloud Computing ETF(CLOU)、First Trust Cloud Computing ETF（SKYY）和GX中國雲算（2826），前兩者所持的雲股票基本偏向美國市場，GX 中國雲算則主要投資於中國市場的雲股。CLOU所追蹤的企業，都是涉及到SaaS、PaaS、IaaS業務，或者是數據管理中心信託，現時的持倉包括Twilio（TWLO.US）、Everbridge（EVBG.US）、Zoom（ZM.US）等主力從事雲計算相關業務的公司。以Twilio為例，Twilio是一種平台即服務，它使軟件開發人員能夠使用數字通訊（例如呼叫或短訊）增強用戶體驗，因此收入十分多元

化。另一個市值較大的SKYY是最早於美國上市的雲概念ETF之一,其同樣也是追蹤SaaS、PaaS、IaaS業務的企業,但持倉更偏向於大眾所熟知的大型科技企業如Amazon、微軟、Google等龍頭企業,雲端業務屬高增長市場,財力和專業技術競爭十分激烈,Amazon、微軟、Google等龍頭企業目前仍居領先地位。最後一隻投資於中國市場的GX中國雲算則主要專注在中國的雲端業務公司包括恒生電子(滬600570)、金蝶國際(0268.HK)、萬國數據(9698.HK)等中國雲概念股。

若投資者欲集中投資於雲相關的股份,可留意下列相關ETF的表現:

圖表3.23 雲ETF介紹

雲ETF	簡介	2020年表現
CLOU(Global X Cloud Computing ETF)	投資於Twilio、Everbridge、Zoom等	升75%,優於納指同期
SKYY(First Trust Cloud Computing ETF)	為歷史最悠久的雲ETF,主要投資於數大科技巨企,風險及波動較少	升56%,優於納指同期
GX中國雲算	投資於中國的雲行業相關的概念股,如金山、金碟等	升82%,表現最佳

網絡安全乃雲的靈魂

隨著個人或企業資訊爆炸,無論個人或企業使用雲服務需求不斷以拋物線式上升,如何獲得客戶信心最為重要,故雲服務供應商必須集中

處理網絡安全及保護私隱等方面，尤其科技巨企擁有極充足的資源、人才、管理等優勢，讓客戶對其雲服務的網絡安全及保護更具信心！既然網絡安全乃重中之重，各位宜留意專門處理網絡安全的科技企業如Crowdstrike（CRWD.US）等，估計未來股價和業務應可高速增長。

另一邊廂，企業管理層或員工錯失及第三方服務供應商成為網絡安全頭號敵人，甚至較雲的風險更高，建議解決方法包括：

1. 為重要的員工作進行道德操守等適當培訓及考核；

2. 若財政資源許可，應盡量減少依賴第三方服務，或自身企業控制及發展最核心的部份，絕對不能讓科技帶領著員工，員工必須掌控科技，有助降低網絡安全的風險。

其他風險包括雲的網絡安全問題、應用及數碼認證所產生的風險等，可見雲服務建基於網絡安全；若否，雲服務便不能發展。

公用雲需求大增

受到新冠肺炎衝擊，全球數十億人在家隔離，企業被逼停工、學校強制性停課，以減少病毒蔓延的風險，導致如今雲辦公、雲教育，雲購物等成為主流，這也讓愈來愈多的企業參與到雲時代的建設。目前不少企業紛紛加強雲端系統建設滿足客戶的「雲」需求，傳統零售商也將工作重心轉移到網店服務，以彌補疫情對實體經濟的衝擊。雖然目前科技企業如春雨一般層出不窮，但欲挑選「買入並忘掉」（buy-and-forget-about-it）的科技企業仍然十分困難，隨著科技的發展，企業的工作負載愈來愈多，儲存成本的增長帶動公用雲端的需求大幅增長，確實不容置疑，因此成長空間無限的雲企業可以成為投資者考慮的目標。

3.3
SaaS
企業估值指標

軟件即服務，也稱為 SaaS，是一項基於雲端的服務，不需要通過台式機或企業網絡下載軟件來運行和更新，卻通過 Internet 瀏覽器訪問應用程式，應用程式亦可以是任何軟件。SaaS 的主要優勢在於訪問性、兼容性和運營管理。與傳統的軟件下載和安裝相比，SaaS 成本更低，運營商可以更佳地適用於更廣泛的業務，從而使較小的公司更容易參與現有市場，消費者亦能享受到較低的價格，降低購買產品的風險。相對地，運營商亦無需為購買軟件的用戶提供專屬的售後服務和支援，只需要妥善地管理自己伺服器裡的核心程式即可。對於 SaaS 運營商而言，能夠為大多數市場提供軟件服務，因此消除了有限的目標市場這一缺點。且數據實時存儲在雲中，以防數據丟失。此外，由於一切都通過集中式平台運行，這意味著它易於捕獲數據及分析。但 SaaS 應用程式的主要缺點是它們通常需要互聯網連接才能運行。不過在 5G 大趨勢之下的環境可用性或不再是一個問題。

由於新冠肺炎的衝擊改變生活和辦公習慣，線上會議、線上購物、線上支付、線上教育等一系列新興產業孕育一系列 SaaS 企業。比如線上會議的流行推高了 Zoom（ZM.US）股價，2020 年漲幅達 412.86%。線上支付

趨勢也刺激線上支付股份Shopify（SHOP.US）2020年錄得129.84%升幅。線上平台的流行也引發了消費者對於線上安全的重視，專注於網絡安全的Crowdstrike（CRWD.US）亦屬於SaaS之一，為消費者提供雲端保障，2020年也錄得超過兩倍升幅。

雖然SaaS運營模式優點顯而易見，但若挑選值得投資的SaaS企業仍然需要注意一些關鍵指標，由於運營理念和盈利方法不同，顯然用作針對普通價值股和成長股的估值方法和技術指標不能套用於對SaaS企業的評估，以下為對SaaS企業常用的估值指標。

MRR／ARR（月／年經常性收入）

目前SaaS企業內幾乎所有部門包括市場營銷、銷售等KPI最終都反映在MRR／ARR上，即反映當前對於未來收入的預測，本身是變動值，必然受到流失率／續約率、新客獲取速度以及平均客單價等因素影響。

續約率

續約率是SaaS企業最為重要的指標之一，因為SaaS企業訂閱制的付費模式決定了企業未來的增長潛力，如客戶續約率、淨金額續約率、毛金額續約率等等。由於訂閱模式的特性，企業營收並不會在初期全部實現，卻在客戶的訂閱周期內逐步確認。因此，從當期確認的收入中並不能完全體現出企業真實的情況。

單個客戶累計現金流

評估現階段SaaS企業的經營狀態，單個客戶累計現金流即客戶訂閱周期價值與獲客成本的比值可以反映出單個客戶經濟模型。單個客戶累計現金流愈高，代表未來的盈利性和增長性愈良好。

資金利用效率

資金利用效率是一段時間內新增年度經常性收入（ARR）與淨支出的比值，僅適用於現金流為負的企業，這有助投資者在現金流為負的SaaS企業中尋找到具增長潛力的企業，這一指標可以幫助投資者看到增長背後的驅動力以及公司的支出習慣。

新時代估值方法需新舊結合

由於新冠肺炎的衝擊，環球央行無限量寬導致傳統的估值方法有所扭曲，新舊經濟股表現似乎也與經濟走向背道而馳，逐漸脫離經濟周期軌道。2020年3月，所有大類資產都因恐慌，流動性短缺等而出現大跌，隨後大多數資產都已錄得不同程度的上漲，投資者開始將關注點放在判斷牛市何時來臨或是否已經來臨。雖然從大盤指數來看，環球多數市場已於2020年下旬反彈許多，但看個股表現而論，我們不難發現，回報

相差的幅度令人震驚，部分股票仍然沒有收復失地，依舊錄得兩位數跌幅，部分股票雖已回升，但漲幅也僅僅為個位數或雙位數，但有些股票2020年回報讓人瞠目結舌，可以達到三位數，甚至個別股票2020年初至2020年11月回報超過720%。在傳統估值方法看似失效的情況下，選股對於投資者來說就變得比較棘手。

若僅通過P/E和P/B等指數判斷股票是否被高估或者低估，目前則受到很多限制，因為目前公司的運營模式多種多樣，部分公司盈利模式並不能夠保證每一季度都錄得盈利，P/B適用於擁有大量固定資產及賬面價值相對穩定，周期性很強的企業如航空業，並不適用於固定資產較少的企業，但不能說那些企業不是優質企業。

相比於P/E，EV/EBITDA將公司的總價值與未計利息、稅項、折舊和攤銷前的收益進行比較，它沒有考慮公司的資本結構，這是公司為整體運營提供資金的方式。因此，投資者可以更輕鬆地比較具有不同資本結構的公司，同時關注市盈率和EV/EBITDA可以更佳地確定一家公司是廉價還是昂貴。但由於EV/EBITDA包含債務，因此企業和投資者可以使用它確定公司是否有吸引力，也可以幫助投資者比較各個行業的股票估值。

新經濟股通用法寶

相比P/E，PEG比率可以幫助投資者將企業盈利的增長性納入考慮中。通常情況下，PEG指標給予投資者提供前瞻性的觀點，其指標是以公司

的市盈率除以公司未來3至5年的盈利增長速度。當指標大於1時，該公司很可能在市場中被認定為增長性高於預期；當指標小於1時，市場則可能認為公司成長性遜於預期。但需要注意價值型股票的PEG均低於1，增長型股票如高科技企業，生物醫藥等行業股票PEG都高於1或有可能高於2。

除了公司運營模式多樣化導致估值變難外，如瑞幸咖啡（LK.US）等財務造假事件頻出也令投資者難以捕捉基本面訊息，企業現金流相比P/E、P/S、P/B等指標更難被公司管理層操縱，現金流量表對企業盈利更加敏感，也更能體現企業盈利能力變化，所以PCF（股價除以自由現金流）方法就體現較高可靠性、較高敏感度及簡單直觀，結合PEG、EV/EBITDA等指標便可更容易判斷公司是否健康，是否具有潛力增長。

活躍用戶數也是重點

除以上指標，對於串流媒體公司或互聯網的股票價值，如眾所周知的TikTok，雖然TikTok還未上市，但也提供另一新的投資參考標準，因為傳統的指標已無法精準估值，投資者需要關注用戶月活躍數、日活躍數等變化。如筆者在上文提到，部分公司早期沒有盈利，所以以市值和用戶流量之比便可更準確地判斷此類公司的價值。

3.4
網絡安全的
投資機遇

隨著互聯網科技普及，我們在受益於互聯網科技進步的同時，也承擔著被互聯網科技所攻擊的風險。自2010年以來，網絡攻擊事件頻發。著名的網絡攻擊事件如：

1. 五名烏克蘭黑客從2010年至2015年間入侵了美國新聞專線服務，三大新聞稿分銷商Marketwired、PR Newswire及Berkshire Hathway旗下的Business Wire都是其滲透目標。黑客從這中竊取了即將發布的新聞稿、出售了15份涵蓋市場敏感性資料的企業新聞、操縱股票市場，並因此獲利近億美元。

2. 2013年零售業巨頭Target（TGT.US）承認POS機系統中所植入的惡意軟體，說明黑客收集大約4,000萬使用者的支付卡詳細資訊，使得POS惡意軟體為人所知。

3. 數據分析公司劍橋分析濫用Facebook（FB.US）獲取使用者資料，創建自己的個人資料後將其出售給政黨、影響公眾輿論、操縱選舉。

4. CapitalOne（COF.US）是美國一家金融控股公司，亦是美國銀行業巨
   頭之一，該公司的洩露事件在2019年7月被披露，影響逾1億美國
   人、600萬加拿大人。

現時網絡安全問題不斷頻發，影響範圍愈來愈廣，個人隱私問題愈來愈
得不到保障，即使如上一些知名企業的網絡安全都出現漏洞，小型企業
的網絡安全就更加不可靠。人們不斷增加網絡安全重視程度，加上於新
冠肺炎導致企業愈來愈多實施居家辦公，支持遠程工作的計算機安全產
品之需求大大上升，網絡安全保護成本的投入也不斷加大，大企業如亞
馬遜（AMZN.US）、谷歌等投入大量資金鞏固網絡安全保護系統，安全
和可靠也是投資者熱衷於投資這類企業的重要原因之一。但對於財力和

技術能力相對較低的中小企業只能求助於市面上的網絡安全公司，以維護企業網絡安全及解決問題。

多個網絡安全領頭羊

根據IBD Stock Checkup選評，相對安全性評級較高的網絡安全股票為Zscaler（ZS.US）、CrowdStrike Holdings（CRWD.US）、SailPoint Technology（SAIL.US）和Okta（OKTA.US）。Zscaler是基於雲的網絡安全閘口的最大提供商，該閘口可以檢查客戶數據流程量中是否存在惡意軟體。

CrowdStrike使用機器學習和使用專門的資料庫檢測可攜式電腦、行動電話和其他訪問公司網路的設備上之惡意軟體。隨著公司將業務工作負載轉移到雲計算服務提供者，在安全技術上的支出也在不斷發展。

數據分析機構Gartner表示，2020年雲安全估值將猛增33%，達到5.85億美元。Okta是一家專門為企業提供基於雲的身分和訪問管理服務的網絡安全公司。目前網絡安全問題愈來愈得到重視，為擴大市場份額及提高技術能力，網絡安全企業的併購，收購也愈來愈多。如Palo Alto Networks（PANW.US）是一家專門為企業客戶提供最新的防火牆、尖端的零信任安全模型中的關鍵元件以及網路安全情報。PANW過去幾年收購十數家安全初創公司，以增強其企業網路安全能力。它最近的一宗收購是CloudGenix，這是雲計算提供的SD-WAN提供商，進一步增加PANW在網絡安全領域的核心競爭力。

3.5
專注人工智能的企業

不論是否接受，人工智能已徹底改變整個行業。

新冠肺炎對市場的衝擊仍然歷歷在目，但也在一定程度上催化了科技的發展和奠定了科技作為第一生產力的長期趨勢，包括遠程辦公、自動化、電商等板塊的加速發展也孕育出許多高質量企業。數以千萬或者上億的消費者每天通過虛擬助手、面部識別技術、遊戲平台、聊天機器人等應用程序直接或間接與人工智能交互，因此人工智能作為這類型企業運營的核心，在沒有人工干預的情況下對不同的情況作出不同的反應，一切都是通過終端處理大量數據，從而不斷「學習」的結果，因此，雖然不同因素對整個經濟的衝擊是可怕的，但也可能令人工智能對這一系列不確定因素的處理方法帶來長期機遇。

在大市不穩定的行情中，對於人工智能企業的挑選應符合擁有優秀的盈利能力、安全的業務模式、穩健的資產負債表、足夠的現金流和足夠大群體的用戶等條件。以下為大型技術公司、軟件平台和先進的芯片製造商等專注於人工智能的企業。

Alphabet/Amazon－量子電腦成就人工智能

目前美國科技巨頭企業基本已經將人工智能技術滲透至企業的各個方面，其中最有代表性則為 Alphabet（GOOGL.US）和 Amazon（AMZN.US）。谷歌的母公司 Alphabet 對於人工智能的投資十分巨大，Google 使用人工智能以自動化其搜索功能、語音識別、自動駕駛技術、廣告定價、個人助理軟件等等。2019 年末 Google 創造的量子電腦 Sycamore 實現了「量子至上」，在 200 秒內解決世界上最快的超級計算機所花費一萬年才可處理的計算問題。Alphabet 所擁有的資源和經驗無疑可以造就其成為最佳的人工智能股票之一。和 Google 一樣，人工智能在搜索功能的應用同樣對 Amazon 的業務至關重要，此外，Amazon 還將人工智能運用在對客戶所需產品的預測、優化物流線和倉儲等。在全球範圍內亦發布了數百個關於人工智能學習的職位，也表明 Amazon 在快速增長的同時，也致力於人工智能的長期資本投資。

Alteryx－人工智能新星

Alteryx（AYX.US）在人工智能領域屬於新崛起的企業，其產品主要服務於數據分析人員以更佳地發掘數據，並部署新的機器學習代碼，能讓數據和非數據分析人員一同構建和部署機器學習算法。Alteryx 平台的客戶數量不斷增加。2019 年 Alteryx 的客戶增長 30%，同時錄得 30% 的淨擴張率，整體增長率達到 65%。分析師認為，這是一隻出類拔萃的增長型股票，收入有望在 2020 年增長 20% 左右，在 2021 年達到 30%。此外，其穩定的盈利能力和穩健的資產負債表令 Alteryx 更具吸引力。

Salesforce - 人工智能滲透客服

客戶關係管理軟件巨頭Salesforce（CRM.US）是一家為客戶提供按需的定制化軟體服務，將人工智能完全滲透至這些涉及客戶關係管理各個方面的服務，從普通的聯繫人管理、產品目錄至訂單管理、機會管理、銷售管理等。提供一個平台使得客戶無需擁有自己的軟體，也無需花費大量資金和人力用於記錄的維護、儲存和管理。獨特的商業模式令分析師預計其未來五年利潤每年增長18%。

經濟動盪推動雲的發展

2020年的健康危機嚴重破壞了全球經濟平衡。儘管這種衝擊對某些企業而言屬毀滅性，但卻為另一些企業帶來了無限生機。由於疫情導致封閉環境，大大加快了全球經濟數字化進程，這已成為雲股票的催化劑。且新冠肺炎對生活和辦公方式徹底地改變，也沒有回頭路，就連中國政府都發行數碼貨幣，因此許多企業受益於此次全球性過度經濟數字化進程。

新興企業與傳統企業的區別在於新興企業正在將工作負載從內部數據中心轉移到公用雲端。由於企業僅需為自己所消耗的資源付費，卻無需購買無法充分利用的儲存系統，這有效地提高企業的IT資金使用效益。另外，由於無需管理自己的數據中心，企業可以節省時間、人力、電力和存放空間成本。

現時雲市場似乎呈現寡頭壟斷的特徵，在這個高增長、財力和專業技術競爭相當激烈的市場中，以亞馬遜，微軟和谷歌這三家科技巨頭企業在雲市場處於領先地位，主要原因是信心問題及相信這些企業網絡安全處理較佳及較有保障。

亞馬遜早在2006年就成為首個提供雲端基礎設施服務的企業，根據Canalys研究顯示，亞馬遜目前於雲端基礎設施市場的佔有率約為32%，獨佔鰲頭，旗下獨有的Amazon Web Services於2018年增長仍然高達47.1%，略高於整體市場的增速。

微軟和谷歌追趕亞馬遜

亞馬遜坐擁先行者優勢，因此目前只有少數公司擁有追趕亞馬遜在雲領域的能力，其中最突出的是微軟（MSFT.US）和谷歌。

微軟雲業務的收入已多個季度取得雙位數增長，在2020年第二財季中，微軟Azure雲端業務增長62%。公司的雲端服務Office 365已坐擁超過3,800萬訂戶。旗下雲端視頻會議工具Skype的每日用戶數按月大升70%，Skype通話時間亦大增220%。與此同時，在嚴格實施社交隔離措施的地區，Azure的雲端服務增長775%。除微軟以外，谷歌通過不斷收購重組相關業務，結合人工智能和數據分析，逐漸在雲領域拓寬市場佔有率，比如視頻會議和協作工具Google Hangouts Meet自2020年1月以來，每日使用量大增25倍，此外，Google Classroom的使用量亦前所未有的強勁。

除了以上三家市場份額較大的企業外，部分企業專供雲板塊下的子版塊，比如阿里巴巴（9988.HK）專攻雲端醫療服務，阿里雲在3月時宣布向醫療專業人員提供人工智能（AI）技術，協助他們研究冠狀病毒，加快診斷測試。又比如專門提供平台即服務或PaaS的客戶關係管理軟體提供商Salesforce也逐漸在市場中發光發熱，Salesforce長期以來一直是分析師的最愛。在過去五年中，該股票平均每年上漲40%，在過去10年中幾乎上漲了700%。此外，專門用於收集，存儲，搜索和分析機器生成的數據的基於雲的軟件平台Splunk也逐漸被市場所熟知，目前雲需求的大幅增加是由於新冠肺炎的影響，但隨著企業紛紛歡迎遙距工作文化，即使疫情過去，相信仍會維持很大需求。

遙距成常態　雲需求不減

Gartner預計，基礎設施即服務（IaaS）領域未來三年的收入將增長一倍以上，而相關平台即服務（PaaS）領域的收入將增長近一倍。Crisp Vendor Universe稱目前只有20%的企業已在其IT流程和策略中建立雲端運算部署，34%正在部署其首個雲端工作負載，28%現處於規劃和評估階段，19%還沒有制定任何雲端策略。由這些數據可見，雲端市場還有很大的增長空間。新冠肺炎對全球大部分行業和國家造成重創，但當工作都要遙距進行，雲端運算行業就可以受惠這種新趨勢。

Chapter 04

科技巨企布局

4.1
美國新經濟股
攻略

美國科技發展為全球之冠，皆因美國吸納全球人才及精英到美國留學，繼而留下來發展，加上美國金融體系及美元乃全球主要流通貨幣，尤其是新興市場均以美元為外匯儲備，新興市場包括中國持有大量美元債券等，當美國股市或債券需要集資時，甚至出現突發事件或金融危機等，全球資金紛紛流入美國，降低企業在股債等方面成本。

記得2000年美國科技泡沫巔峰之時，加上1997年亞洲金融風暴餘音杳杳，美國長期資本投資於俄羅斯債券出事，大量歐亞資金流入美國，創造美國科技股在缺乏盈利下節節上升，當時納指上升至5,100多點，後來因缺乏盈利支撐和缺乏持續能力而急瀉逾80%，但經歷20年洗禮、沉澱，到今天浴火重生，2020年底標普500指數旗下全球十大企業裡，科技或新經濟股共佔六家，包括蘋果（AAPL.US）、微軟（MSFT.US）、亞馬遜（AMZN.US）、Alphabet（GOOGL.US）、Facebook（FB.US）及新成員Tesla（TSLA.US）。

策略一：投資世界六大科技股

世界6大科技股

隨著標普六大科技股逐漸發展成熟，並不斷透過併購、自身及跨行業等發展，令企業的護城河愈來愈堅固，甚至已演變成壟斷局面，不少新舊經濟企業根本不能不使用其構建之平台，否則絕不能競爭下去，難怪歐洲已開始向這六大科技企業徵收數碼稅，美國政府亦開始調查六大科技企業造成的壟斷及公平情況等，希望新企業繼續創新和加入競爭，猶幸現時美國國會出現分裂國會，共和黨及民主黨分別控制參眾兩院，這分裂情況導致民主黨不能或不容易強逼六大科技股就範、拆骨等等，但宜密切注意拜登上台後會否改變。

WFH（Work from home）及WFA（Work from anywhere）已逐漸形成習慣，即使預計2021年新冠疫情減退，對這六大科技股的需求卻不會減退，須知消費者在網上消費繼續增長，預測盈利及股價仍存上升空間，每當個別股份出現壞消息如盈利未如預期或因發展、併購消化需時，甚至因自己需掌握物流等工序而增加短期投資，各位宜考慮伺機而購入。

亞馬遜2018及2019年股價分別只上升28%及23%，此源於投資於自己持有的物流業務及消化收購Foodmart等，至2020年其股價上升76.8%，便可見一斑，故各位可乘股價因調整或下跌之機而增加投資或購入，只要盈利及業務增長保持穩定，股價應可持續地上升，但以倍數上升的機率下降。

策略二：購入潛力二線股

一般預期基數較低的新經濟股盈利增長較佳，往往股價可能倍升，因為二線股均較集中於某方面，與上述策略一談及的科技巨企染指各行各業不同，宜考慮DIY自製新經濟投資組合，包括以下不同類型新經濟股份：

- 人工智能及機械人：Twilio（TWLO.US）股價2020年上升225.35%，2019及2018年分別上升10%及278%；

- 網絡安全：Crowdstrike Holdings Ltd（CRWD.US）2020年股價上升223.22%；

- 半導體：Nvidia（NVDA.US）股價2020年上升127.73%；

- 社交媒體：Snap（SNAP.US）股價2020及2019年分別上升接近200%，預料Tik Tok等日後上市非常厲害；

- 娛樂：Netflix（NFLX.US）股價2020年、2019及2018分別上升53.76%、20.89%及39.44%；

- 電子支付：目前多個國家銳意發展數碼貨幣，如歐洲、中國等均為佼佼者，從事電子支付的企業必定受惠，其中尤以美國PayPal（PYPL.US）及歐洲支付龍頭如ADYEN NV（ADYEN.EU），其股價分別在2020年上升98.34%及126.06%、2019年分別上升28.64%及53.88%，2018年則分別上升14.22%及97.94%。

策略三：進取投資熱門新興行業

這些行業或企業一旦發展起來，雖然非常迅速和蓬勃，但波動性也非常大，包括：

- 如Zoom（ZM.US）受惠於新冠疫情，帶動其公司扭虧轉盈及增長以倍數計，股價2020年至12月初共上升5倍，2019只上升89%；

- 出產新冠疫苗的醫藥股Moderna（MRNA.US）股價在2020年上升逾7倍，2019則只上升28%，可見這些股份均因某些特別催化劑而扭轉乾坤；

- 地產科技亦受惠於疫情，除美國聯儲局採取非常低息政策及積極量寬外，美國人改變住宅需求，帶動Opendoor（OPEN.US）及Zillow（ZG.US）等業務飛升。

- 餐飲外賣業務騰飛，尤以中國美團（3690.HK）等盈利從負變正，而且增速非常凌厲，日本Soft Bank旗下Vision Fund持有的Door Dash（DASH.US）盈利也受惠於新冠肺炎，不但扭虧轉正，更把握機會上市，其集資額達320億美元，軟銀在2018年投資6.8億美元於Door Dash及佔25%股權計算，即升值11.7倍，單項投資已獲利豐厚，還可協助約值1,000億美元的Vision Fund改變虧損形象；

- 其他投資中長線增長較快如人造肉Beyond Meat（BYND.US）及Impossible Meat。Beyond Meat在2020及2019年分別上升85%、及202.4%，未知大家有否品嚐其產品，如人造肉漢堡包等，中長線亦受惠於環保及健康增加食用人造肉的比例上升。

策略四：投資「舊」變「新」企業

舊經濟行業早已根深柢固，如從事零售的沃爾瑪（WMT.US）、汽車製造商通用汽車（GM.US）等，它們透過轉型及相關過程推動股價上升，宜待股價低位時購入；若轉型成功，新經濟模式的收入佔比隨之上升，股價和市盈率也必然改變，從屬舊經濟的低市盈率轉變為新經濟的高估值及市盈率，預計股價升幅非常可觀，絕不能小覷。

策略五：投資未有盈利但有概念的企業

選擇投資已具有成功經驗的企業為佳，當中例子如美團等。

策略六：投資未來及仍缺乏盈利的企業

以商業化星空計劃最為顯著，目前三位主要競爭者包括：

* Richard Branson的Virgin Orbit，但他旗下航空業務被新冠肺炎重創及遇上技術問題，還需集資2億美元拯救這太空計劃；

* Elon Musk旗下Space X則財雄勢大，也獲得到美國軍方支持，如在2020年10月初取得美國太空發展局價值1.49億美元合同，建立能夠跟蹤導彈、超音速導彈等太空防禦衛星系統，還有微軟將加入這項目的Space X團隊，兩家公司期望為美國政府提供國防和情報服務，Space X通過其星鏈（Startlink）天機互聯網，打破傳統電訊公司控制及壟斷的通訊系統，Space X至今已發射共600枚星鏈衛星，長遠目標是增至1.2萬枚，讓全球各地用戶不論遠近均可利用天基互聯網，可望突破地面網絡封鎖，網速介乎11-60Mbps，Netflix串流影視平台只需25Mbps便足以讓地面用戶在4K裝置上觀看超高清（Ultra HD）串流電影；

- 倘若衛星網絡建成後，星鏈有望為全球用戶提供GLAN級寬頻衛星及與Azure模組化數據中心（MDC）連線，讓身處偏遠地區用戶隨時可以享用雲端運算服務，若配合光學圖像、無人機、物聯網等設備數據，在透過人工智能模型根據氣候、飼料管理、動物健康等提升畜牧業及農作物產量，冀望數據能推動可持續農業及畜牧業發展，在互聯網覆蓋之地點，亦可結合邊緣運算（Edge Computing）；

- 2020年底Space X更與美國軍方計劃研製貨運火箭，以貨運火箭的速度可以達到12,070公里為目標，即1小時內可把80公噸貨物運送至全球任何地點，代替需時15小時送貨到月球，經過太空送貨至地球任何一個角落，大大縮短飛行時間，並為登上月球奠下更佳基礎，SpaceX合作科技公司為Exploration Architecture，未來美國國防部探討長期太空運輸協議，可能容許軍方及私人企業把貨物運送到月球甚至火星，故投資者不能錯過未來Space X的投資機遇；

- 還有堪稱全球電商首富的Jeff Bezos旗下太空科企計劃藍色起源（Blue Orgin），Jeff Bezos在2020年為藍色起源計劃動用100億美元，並投放於衛星互聯網計劃Project Kuiper，未來設立3,236個衛星組成之網絡，與Space X星連天機互聯網正面競爭，不過SpaceX已走在最前端，又獲得美國軍方支持。

- 以上的概念企業，除了直接上市，可能會透過現在非常熱門的SPAC（空頭支票公司）去上市，各位讀者宜留意這熱潮的機會。

4.2
蘋果公司
高處未算高

當科技巨頭蘋果公司（AAPL.US）公布其2020年第三財季業績時，該公司同時宣布進行股票分拆時，華爾街感到驚訝。投資者當然喜歡這些消息及非常亮麗的業績，2020年第3季後因股價拆細再次上漲至歷史新高，股票分拆的理論非常簡單，每股股價便宜吸引更多投資者。

蘋果上一次分拆於2014年6月，即七對一拆分形式。在2018年時，約有9.37億股流通股。2020年第3季分拆後，由於同時進行回購計劃，蘋果流通股略低於60億股。至2020年9月尾，蘋果流通股約為170億股。

2020年蘋果股份第5次分拆，在前4次分拆中，其有3次於15年前進行。這反映明顯趨勢，儘管蘋果股價在1987年表現比不上標準普爾500指數，但蘋果股票在分拆前表現相當不俗，市場對這趨勢會否持續下去非常感興趣，皆因市場動態較從前有所變化。

5G 勢帶動 iPhone 12

市場仍然看好蘋果前景，蘋果股價在2021年初已經超越142美元，根據當前已發行的股票數量，這將轉化為近2.3萬億美元的市值。

蘋果創下令人難以置信的2萬億美元大關市值，市場仍然認為2020年iPhone 12「超級循環」提供重要動力，儘管新冠疫情帶來極嚴峻挑戰，蘋果卻在產品周期中面對「十年一次」機遇，市場估計差不多4億iPhone用戶逐步升級，佔約10億部iPhone總安裝量頗大部分。

蘋果旗下中國業務一直保持穩定，為蘋果作出重要貢獻，預計2021年約有20%-25%iPhone升級來自中國，成為環球最大的智能手機市場。

在家工作推動iPad和Mac增長：iPad季度收入為66億美元，Mac季度收入為71億美元，創2020年6月季度記錄，受惠於在家工作趨勢所引發的需求及蘋果產品在企業客戶中的份額不斷擴大。

市場預計2021年蘋果的服務收入增長至約580億美元，2020年收入約為517億美元，管理層表示目前可穿戴業務規模已經達到《財富》140強企業之規模（收入約為225億美元），令人繼續留下深刻印象。市場也預測AirPods單位數量將從2019年6,500萬增長至2020年差不多8,000萬。

投資者和分析師很可能低估iPhone 12將釋放被壓抑的需求，iPhone 12將有望進行設計檢修，並增加對5G技術的支持，5G也將帶動iPhone 12銷售。

蘋果2020年第3季全球手機出貨排名從季軍下降至殿軍，被小米後來居上，但蘋果第4季因美國感恩節及聖誕節等傳統銷售旺季有機會重返三甲位置。

圖表 4.21 全球手機出貨排名（2020年第3季）

排名	品牌	出貨量（部）	智能手機按年變幅	出貨排名市佔率
1.	三星	8,081.6萬	+2.2%	22%
2.	華為	5,183.1萬	-21.3%	14.1%
3.	小米	4,440.5萬	+34.9%	12.1%
4.	蘋果	4,059.8萬	-0.6%	11.1%
5.	Oppo	2,989.0萬	-2.3%	8.2%
	其他	1.19億	-14.7%	32.5%

資料來源：市場調查 Gartner

除 iPad、Mac、手提電話受惠於 WFH 而銷量大增,蘋果手機 Apps 的費用收入也非常豐厚,但美國反壟斷法能否下調蘋果所收取 30% 佣金,勢將影響蘋果的議價能力,各位必須留意。

Apple Car 冀領蘋果攀上另一巔峰

蘋果仿傚 Alphabet(GOOGL.US)利用現時低息環境發行 10 年期債券,共值 100 億美元,利率約 1.1%,集資所得的資金可透過回購自身股票,取得更高回報,又可推動股價上升,此做法非常有效,除非蘋果股價見頂回落,此做法便為噩夢,否則,中短期仍屬利好。

2020 年底台灣傳媒報道蘋果已要求台灣零件供應商為電動蘋果汽車(Apple Car)備貨,市場盛傳首型號車輛已於美國加州秘密測試,並於 2021 年 9 月面世,若此傳言屬實,預料 2021 年或往後蘋果股價呈現大幅上升的空間。

4.3
亞馬遜——
擁先見領導潮流

亞馬遜（AMZN.US）創辦人貝索斯（Jeffrey Preston）乃對沖基金經理出身，1994年放棄高薪厚職及創立亞馬遜，其創業資金源於父母；貝索斯早已把握美國互聯網時代，從出售書籍起步，後來揮軍電子書市場，並於1997年上市，再進入百貨公司成為一代霸主。

亞馬遜在1997年集資5,000萬美元，立即發揮對沖基金本色，趁市場仍然暢旺之機從資本市場集資，1998年發債3.25億美元、1999年再發行次級債券12億美元、2000年發行6.5億歐元債券，3年來合共發行額達21億美元，相信貝索斯深諳缺乏盈利的企業欲扭虧為盈需時良久，故趁2000年科技高峰及熱潮前夕從市場集資，儲備（彈藥）充足才可繼續「燒錢」，此舉非常聰明及具遠見！

不斷擴闊和挖掘護城河

亞馬遜2003年利用投資者資金才有起色，許多互聯網科技股在2000年科技股泡沫爆破後因彈盡量絕而倒閉，創辦人貝索斯居然成為現時美國

最大網上霸主兼全球首富。其成功要點如下：

1. 利用科學化管理，無人情可言，只看結果；

2. 最早進入互聯網年代的新潮流領導者；

3. 非常熟悉資本市場，也懂得居安思危，在牛市時集資，協助企業在科技股股災後仍持有資金渡過困境；

4. 其營運模式為利用別人資金創造企業的長期價值，可以先行不賺錢，只需表現最佳及最多人接受，最終為亞馬遜建立出穩固護城河，無人可以上及打破，還不斷擴潤和挖掘這護城河，利用資金及科技建更多穩固的護城河，如雲服務、生鮮業務、醫藥市場、建立和充分掌握自己的物流團隊送貨服務、甚至在英國使用無人飛機送貨及購入英國Deliveroo股權等，似乎成為唯一科技巨企毫不考慮利用無人駕駛汽車運送物品，反而其他對手較少投資於此方面，Google及Tesla（TSLA.US）仍需解決不少無人駕駛技術問題，投入也較大，此乃亞馬遜精明之處。

中國阿里巴巴（9988.HK）抄襲阿馬遜的營運模式，分別在1999年成立及2007年上市，2012年私有化，再於2014年到美國上市，繼續在中國發揚光大，市場曾估計未來阿里巴巴估值比不上螞蟻集團，但現時中國收緊監管，估計螞蟻集團估值應大不如前，否則阿里巴巴或可能超越「環球一哥」亞馬遜。

4.4

Google 影響
無遠弗屆

Alphabet

2020年底Google成為美國甚至全球焦點，此源於美國10個州份控告
Google壟斷數碼廣告市場，並涉嫌與Facebook（FB.US）合謀，Google反
駁指控缺乏理據，Facebook亦於美國主要報章刊登全版廣告，以捍衛小
商家之名攻擊蘋果（AAPL.US）修訂私隱政策。

德州聯邦地區法院入稟狀指出，面對Facebook正在挑戰Google網上廣告
領導地位，Google則發起與Facebook減少競爭協議為應對之法，即提供
Facebook廣告客戶的優惠，逼使Facebook把廣告投放於Google的出版商
合作夥伴網站。Facebook則以採取不支持一些與Google競爭的軟件作為
回報，並以「絕地藍」為此項於2018年達成協議之代號。

業務龐大　被控壟斷

控方認為Google為美國一家非常龐大的科技巨企，卻公然濫用其壟斷力
量，誘使Facebook高層簽訂以破壞競爭為核心的協議，遂除要求Google

作出相關的賠償外，更要求法院約束 Google 的行為，包括：或要求推出結構性措施恢復市場公平競爭環境、甚至分拆其業務等。

Google 全部否認這些非常嚴重指控，Facebook 亦拒絕置評及於多份報章刊登全版廣告，提出反對蘋果以保障私隱為理據收緊數據追蹤，令不少中小型企業和 Facebook 未能追蹤客戶活動資料亦未能作出個人化、精準及非常有效廣告，非常影響廣告效果。

2020 年 Alphabet（GOOGL.US）股價表現大幅落後於其他科技巨企，市場一直乘壞消息之機購入，各位宜留意最壞的消息於何時發酵，屆時可應考慮入市。

若失去 Google，猶如人類失去水源般，各位應先行了解 Google 業務及最新的發展情況：

1. 搜索引擎：Google 佔全球搜索引擎次數之 92%，歐盟因而認為 Google 違反反壟斷法案，指 Google 旗下企業的銷售廣告有所偏頗，已向 Google 罰款 90 億美元，Google 則認為自己因優待旗下企業而受罰乃新法律理據之一；

2. 數碼廣告：估計大約 40% 之買貨廣告及 50% 的數碼賣貨廣告利用 Google 平台完成，Google 否認其廣告平台對中小型企業作出不公平待遇；

3. 手機業務：全球 75% 手機均使用 Google 旗下 Android 程式，蘋果旗

下 iOS 在美國手機市場約佔 60%，此源於 Google 可容納任何手機製造商使用 Android，故全球非常普及；

4. 地圖：Google 地圖的導航使用率每月佔 70%，其他服務供應商 Waze、蘋果地圖、Google Earth、MapQuest 分別為 17%、16%、2%、1%，Google 2013 年收購另一競爭對手 Waze（以色列初創企業），蘋果手機 2018 年使用 Google Map 每月約有 3,700 萬用戶，較蘋果地圖仍多 600 萬用戶；

5. 錄影業務：估計 Google 旗下 YouTube 在線上播放錄影業務佔 73%，Google 在 2006 年以 16.5 億美元收購 YouTube 後，Google 搜尋及數碼廣告業務愈益重要，YouTube 更在網上上載、轉播、儲存及播放次數等為其第二位競爭對手之 4 倍；

6. 瀏覽器（Browsers）：Google旗下Chrome佔全球66%，成為最普及的瀏覽器，此源於Google旗下其他業務協助穩固這方面的地位，成功地成為最大的市佔率；

7. 聰明喇叭（Smart Speakers）：Google控制美國40%聰明喇叭市場，雖然過去亞馬遜（AMZN.US）一直為此方面領導者，但從2017年起Google已控制24%市場份額，2020年第三季更提升至40%，達740萬美元，增長非常迅速；

8. 雲服務：在346億美元的雲市場中，Google旗下雲服務遠遠落後於亞馬遜旗下Web Service及微軟旗下Azure，Google 2020年僅佔全球雲基建市場之6%，其2020年第二季雲收入較首季上升8%，達30億美元。

Google母公司Alphabet旗下人工智能表現非常出色，其中Alpha Go曾擊敗世界圍棋冠軍，下棋子所需時間愈來愈短，未來出現更多人工智能機械人改善人類日常生活，不妨2021年低位考慮分階段購入。

4.5
微軟能重返
科技巨企行列

微軟（MSFT.US）在2000時早已成為科技股龍頭，當時藉著千年蟲及
Windows雄霸所有電腦軟件市場，可惜過去20年微軟錯過不少科技創新
機遇，如搜尋器服務、社交媒體、手機等均欠奉，近年來才利用雲服務
發展重錘出擊，並已成為此方面的重要競爭者及持份者之一。

眾所周知，微軟過去因其視窗產品與眾多大型企業客戶建立良好關係，行政總裁Satya Nadella利用微軟各項優勢發展大型企業雲服務，與亞馬遜（AMZN.US）針對中小型企業、Google針對個人等形成三分天下局面，在新冠肺炎肆虐下，微軟旗下雲服務已成其盈利增長其中一個重大動力。

與此同時，微軟在碳排放、氣候轉變等各方面投入巨大資源，根據Drucker Institute因應企業在客戶服務、員工、創意、社會服務、金融等方面比較，並於2020年獲頒發250家最佳管理的美國企業之首予微軟，其他排名分別為：

1. 微軟
2. 蘋果
3. IBM
4. 亞馬遜
5. Alphabet
6. Cisco
7. Intel
8. P&G
9. Johnson & Johnson
10. HP
11. Merck & Co
12. Facebook Inc.
13. Nvidia

目前環球諸國政府致力推動ESG，相信更多資金、基金、退休金、家族基金、主權基金等均著眼像微軟般企業，微軟估值也高於其他企業，其發債成本應低於眾多企業。

隨著2021年1月特朗普正式落台，新上任拜登總統已明言美國必定重新返回氣候變化組織等，參與構建更美好的世界，吸引更多資金流入這些科技巨企，上述首13名最佳管理的美國企業中，科技巨企共佔10席位，推動微軟股價接連不斷上升，除其本身業務持續增長外，整體而言，微軟各方面的評分亦屬最高，備受更多資金追捧。

未來增長視乎高端分析

按2020年哈佛商業評論舉辦之分析服務調研，在眾多關鍵科技包括物聯網、數據安全、雲端架構等，其中高端分析和AI／ML（Machine Learning）廣泛使用比率只有31%和24%，但在受訪的434間先進科技企業中，竟然高達71%認為這兩類科技勢將主宰企業的成與敗，在雲端大型企業如亞馬遜、Google及微軟中，只有亞馬遜分析雲端業績數據，以企業SaaS為例，微軟、Salesforce（CRM.US）、Adobe（ADBE.US）、SAP（SAP.EU）和甲骨文（ORCL.US）的市佔率分別為17%、12%、10%、5%和5%，按年增長34%、21%、29%、39%和25%。

從上述數據顯示微軟在市佔率及增長率等均領先同儕，並非基數愈高、增長愈低，微軟一直實力雄厚及資源充足，也不乏虛擬化技術的人才，預料桌面即服務（Desktop as a Service，DaaS）再下一城。

4.6 FACEBOOK

Facebook——
社交媒體巨人

Facebook（FB.US）乃其行政總裁及創辦人之一朱克伯格在大學時與同學們因創造互相溝通平台而創立，但他在 Facebook 分別先後全數購買其同學們持有的股份或知識產權，朱克伯格已全面控制 Facebook 及成為社交媒體巨企的壇主。

回顧 Facebook 的發展歷史，上市前先行與其大學同學清晰處理控制權及知識產權，隨後不斷利用收購合併壯大自己，首先在 2012 年 4 月以 7.36 億美元現金及股票收購 Instagram，此源於當時 Facebook 上市不久，朱克伯格非常憂慮 Facebook 用戶因手機普及化導致客戶流失，故當時不得不收購 Instagram，而且 Instagram 客戶增長非常迅速及年輕化，加上 Facebook 利用科技及市場推廣規劃協調兩者融合發揮協同效應，Instagram 現已成為 Facebook 其中一項瑰寶。

Facebook 2013 年動用 1.2 億美元收購 Onavo，旨在深入分析各式各樣手機 Apps 表現，亦因為此收購之機，成為日後收購 WhatsApp 奠下基

礎，亦可以利用Onavo協助了解對手及未來新產品的最新發展情況及效果。

2014年以20億美元收購成立僅只20個月之Oculus VR，主要利用Google開發虛擬 —— 現實系統，後因知識產權等問題把此公司併合為Facebook旗下部門之一，2017年其創辦人Palmer Luckey離開Facebook，此收購可謂並不成功。

透過併購延伸長臂效應

2014年Facebook再次動用22億美元現金及股票收購當時擁有55位員工的WhatsApp，進一步鞏固Facebook在訊息方面之地位，亦藉用WhatsApp銷售廣告提升盈利，卻受到WhatsApp其他數位創辦人阻撓，後來這幾位WhatsApp創辦人相繼離開Facebook，隨後Facebook繼續努力介紹更新穎的工具予WhatsApp，客戶購物更方便。

2019年Facebook以5億美元收購CTRL-Labs旗下主要研究如何利用人腦控制電腦之子公司，Facebook將這家公司撥入旗下其中一個Reality Labs部門：2020年11月Facebook再動用10億美元收購紐約初創企業Kustomer，Kustomer主要服務客人於平台及chatbots，鑑於愈來愈多企業旗下員工已不再利用電話溝通，反而倚重訊息溝通，該公司的技術能把不同平台的對話均顯示於一個畫面上，方便各方溝通聯絡，大幅提高執行能力。

完成這些併購後，Facebook成功創造嶄新的商業社會媒體介面，令
Kustomer旗下Messaging App，WhatApp及Facebook旗下Messenger一
起進入客戶的Portals，更方便使用。

Facebook透過收購後不斷壯大，客戶數目持續增長，收集及分析客戶的
資料及能力已可影響客戶行為、散播欲達到的目的，甚至選舉結果！

Facebook利用社交媒體進行愈來愈多商業活動，Facebook會否濫用客戶
資料？另外，會否利用其資金收購對手及初創企業，以免他們成長後變
更為強大競爭者？這種窒礙競爭者之手段一向為人垢病，亦成為美國政
府反壟斷及公平交易的主要針對目標之一。

發展神速　各方短兵相接

繼Google、微軟（MSFT.US）及亞馬遜（AMZN.US）後，2020年底Facebook進軍雲端串流遊戲領域，Facebook Gaming遊戲直播平台免費提供一些串流遊戲服務，用戶可透過電腦登入平台，或者利用Android手機設置的Facebook軟件，從Facebook數據中心把遊戲存留轉送，無需離開Facebook平台，或甚至下載遊戲至自己的設備裡，用戶（玩家）便可免費玩五個遊戲，亦可保留私隱，另行選擇名稱及頭像代替Facebook的真實姓名及照片，不會被其他對手認破，望能保持每月共有3.8億用戶。

Facebook、微軟旗下XCloud、Google旗下Stadia、Nvidia（NVDA.US）旗下GeForce Now等雲端遊戲平台仍未登陸iOS，皆因蘋果（AAPL.US）認為遊戲必須通過應用程式商店（App Store）審核，並安排獨立軟件上架，Facebook則強烈反對，並將問題歸咎於蘋果App Store政策，突顯兩大科技巨頭矛盾升溫。

Facebook更登報砲轟蘋果以私隱為名，阻止追蹤用戶及損害中小企業利益，當然對Facebook之影響頗大，因為沒有徵得客戶同意，Facebook及其他中小型企業難以收集其客戶在iPhone及iPad等網上活動數據，因而未能設計精準及個性化廣告，對中小企尤其是Facebook的廣告收入尤甚。

各位可從此例子窺視中、美科技巨企已全面地發展，許多領域已短兵相接，跨行業、跨界別、跨地域發展漸趨激烈，他們更擁有非常強大有力數據，配合人工智能、其他軟件及資金等，新加入者根本不能獨立地競爭，甚至被逼出售，環球諸國執政者皆感不安，各國政府紛紛利用反壟斷及公平交易限制科技巨企膨脹起來，未來如何從科技企業的發展、估值、風控、監管等取得平衡？對科技巨企及其他新經濟股尤其是中小企和初創生態環境影響帶來深遠影響。

筆者認為經歷這些調節後，相信新經濟股發展更堅實、發展勢頭更佳，不但「走得穩、更走得遠」，對未來企業持續性發展極為重要，或者是生存遊戲（Survival Game）才值得各界投資及花費時間密切跟進，除影響投資者的財富外，亦影響投資者如何規劃未來生活。

4.7

Tesla 飛升
締造股價更大期望

全球投資者現時十分關注 Tesla（TSLA.US），除其股價2020年升勢非常凌厲外。投資者對 Tesla 又愛又恨，同時兼備看淡及看好因素。Tesla 股份拆細，並於高位集資50億美元，令眾多投資者爭相於2020年9月初高位出售持貨，筆者管理的基金及投資組合亦欲於高位套現，部分價位分別設於500美元及600美元，沽售後會持有資金及日後伺低位再次吸納。

成功晉身標普

雖然 Tesla 未能於2020年9月份晉身標普，卻已滿足加入指數的基本條件，其後在11月中，終於盼到 Tesla 被納入標普指數成份股的消息公布，股價短短半個月亦驟升逾40%，公司隨後在12月21日亦正式晉身標指。

2020年 Tesla 首次實現全年盈利，但第4季利潤被行政總裁馬斯克 Elon Musk 的薪酬獎勵、供應鏈成本及較便宜的汽車型號所壓縮，故2020年

第4季錄得5.75億美元經營利潤，主要源於向其他汽車製造商出售碳排放所賺取4.01億美元，遠低於預期之7.8億美元，令其股價曾在2021年1月28日下跌3.32%，至835.43美元，過去最高位曾至900.4美元。

各位不妨參考下列情況：

2012年6月22日：Tesla Model S售價77,000美元，等於當時Tesla的11,390股，約為76,996美元；

2020年11月24日：Tesla Model S售價31,300美元，Tesla的11,390股已上升至6,227,824美元。

未知各位喜歡Tesla股份，抑或其產品？

處急速擴張期

Tesla仍然缺乏資金，畢竟目前處於急速擴張期，Tesla極度需要資金擴充，加上負債達85億美元，除擴充美國車廠提升汽車生產力外，更表示在德國柏林設廠、利用中國銀行便宜的貸款在上海設廠，未來增加生產電動車型號，如貨車及半貨車的電動車，這些廠房均需龐大投資，故Tesla集資50億美元銳意發展，第三季交付量接近14萬輛，2020年有望實現50萬輛交付目標，未來Tesla汽車銷售及盈利應可大增，屆時股價應可再上一層樓，可惜Tesla目前產量仍遠低於大型汽車製造商，如豐田（7203.JP）全年產量達700萬輛。

以現時 Tesla 在中國生產的 Model 3為例，每月生產 1.1 萬輛，一年逾 13 萬輛，卻只能滿足中國內地的需求，相信將來不斷提升產量，並有機會出口至其他亞洲國家，日後 Tesla 在歐洲、亞洲及美洲均設有車廠及銷售渠道，接著生產 Model Y 旗下 SUV，有助增加其汽車生產及銷售量，預料在出售碳排放及汽車銷售雙引擎增長下，Tesla 盈利和競爭力大大優於傳統汽車製造商，推動其收入及盈利大幅飆升，屆時股價應可拾級而上，傳統汽車製造商暫時未能趕上，但全球尤其是中美競爭對手愈來愈多，電動車市場百花齊放。

Tesla 技術一直領先競爭對手，須知電池乃發展電動車的核心技術，如續航能力等，以 4680 為新電池命名，其特點為直徑 46 毫米及高度 80 毫米，除傳統電池上凸起的極耳（Tab）結構降低電阻外，未來更於陰陽極等分別改進，從而降低成本和提升效率，使用百里電池，預料適合穩健及中長線投資者；若欲短線投機或風險承受能力較高的話，不妨留意其他新興電動車股份。

其他車企加入競爭

Telsa 的名字源於 19 世紀發明交流電力系統的科學家 Nikola Tesla，可見 2014 年創立的 Nikola（NKLA.US）絕非等閒之輩，必定衝向 Telsa 為目標；最近通用汽車（GM.US）向 Nikola 提供 Ultium 電池系統及 Hydrotec 燃料電池技術，協助生產農夫車，以通用提供這些服務便可以取得 Nikola 11% 股權而論，除增加收入外，既增添客戶使用其服務、又可染指新能

源汽車市場,甚至於估值飛升的電動車市場分一杯羹。

Nikola則可以利用通用的平台加快生產製成品,並直接與Tesla競爭,也不需要付出大量資金開設廠房等,有助推動雙方股價上升,相信投資者樂見此情況,盛傳雙方額外投資22億美元生產電動卡車(Electric Pickup),與Telsa旗下Cypertruck正面交鋒;但據悉通用汽車最終取消此合作,也不再持有Nikola 11%股權及為Nikola生產Badger,此消息立即拖累Nikola股價大挫27%,通用汽車股價只微跌2.7%,各位便可窺視併購事件告吹之影響,通用只提供電池予Nikola而已。

預計電動車開發商、軟件供稱商及汽車製造商設法尋找最佳的合作夥伴生產電動車,相信未來這方面合作或分手將不斷發生,亦見怪不怪。

中國加入戰團

除比亞迪(1211.HK)外,內地最具名氣的電動車如蔚來汽車(NIO. US)、恒大汽車(0708.HK),甚至吉利(0175.HK)母企旗下高性能電動車極星(Polesta)將於重慶生產等,相關股價均跟隨領袖股Tesla反彈和下跌,即使贛鋒鋰業(1772.HK)於2020年9月15日宣布配股集資,隨後再創新高,2021年1月29日,上升每股至109元以上,升幅逾倍,預料電動車製造商及相關的上、下游產業企業未來股價大升,如電池便為其中佼佼者,可見電動車及相關板塊強勢畢露。未來環保、5G及無人駕駛等發展成為股價最大增長亮點。

中國鋪設5G網絡逐漸成形，5G速度大大勝於4G，除物聯網（IOT）發展蓬勃外，全自動無人駕駛應可盡快推出，有利Tesla及其他電動車品牌，如理想（LI.US）、小鵬（XPEV.US）及蔚來（NIO.US）在美國上市的「造車新勢力」於2020年3個月內分別上升164%、240%及354%，甚至本港上市的恒大汽車、李嘉誠投資在港上市的力世紀（0860.HK）生產Apollo IE及國內電動車龍頭比亞迪等估值大量拋離傳統汽車製造商，一眾傳統汽車企業如東風汽車（0489.HK）等紛紛公布電動車大計，更與國家電網聯合開拓新能源車發展。

圖表 4.71 Tesla（TSLA.US）股價走勢

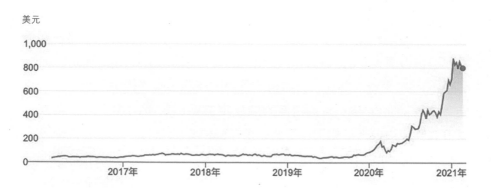

反而石油及相關股份或可能被沽空或出售，各位必須留意未來德國、日本及美國等汽車製造商在電動車方面發展，如2020年底Volkswagen（VOW.DE）在中國推出ID.4純電動車SUV，售價只為25萬人民幣，較蔚來ES6 SUV便宜30%，令小鵬、蔚來及比亞迪生產的電動車售價增添下調壓力，反擊戰隨時一觸即發。

4.8
Salesforce
領導 CRM 市場

2010至2020年10年股價上漲逾1400%，市值達到2,400億美元的 Salesforce（CRM.US）是SaaS企業的典型代表。自2004年上市開始，Salesforce就不斷從一個一個簡單的銷售管理工具轉型到如今的數字化平台。Salesforce可以將企業和客戶聯系在一起，並為企業提供客戶關係管理解決方案，和其代碼CRM一樣，它是一個集成的client relationship management平台，為企業的銷售，營銷，商務，服務提供所有客戶的單一共享視圖。Salesforce適用範圍廣，定價靈活，不同規模的企業都可以根據其使用者數量和儲存量的需求在Salesforce尋找到其所需的服務。在整個Client Relationship Management市場上，Salesforce的市場份額佔比都比較大，在日本，Salesforce市場佔比高達56.2%，全球Salesforce市場份額已超41.4%，佔有絕對的優勢，這也主要在於Salesforce不斷革新其產品和技術。

Salesforce成立於1999年，旗下的Sales Cloud是其打入市場的龍頭產品，因此Sales Cloud知名度一直都領先其餘產品。Sales Cloud的主要功能在於它是一個以銷售為主要目標而搭建的平台，因為不管任何種類的

企業，其最終目的都是成功銷售出自己的產品。因此Sales Cloud幫助這些銷售團隊有效的管理銷售渠道，尋找銷售機會來保證其銷售增長率。

提供多元化雲服務

不過從近期Salesforce的財報來看，除了Sales Cloud以外，Service Cloud，Marketing Cloud，Commerce Cloud，Platform Cloud等等其他的業務也開始顯露頭角，因此Salesforce可以從多方面來滿足客戶在服務、營銷、商務平台等的需求，不僅僅限制在銷售。Service Cloud幫助企業提供客戶支持和運營管理，其收入目前可以和Sales Cloud劃等號，每季度Service Cloud可以貢獻約13億美元的收入，年增長率可以達到20%。Marketing Cloud幫助企業最終營銷效果，營銷反饋來幫助營銷團隊了解其支出所得到的有效價值。Marketing Cloud和Commerce Cloud 2020年第二季貢獻了約7億美元收入，按年增長幅度超過20%。

Salesforce的強大之處還體現在Salesforce可以基於客戶的實際需求，做技術改進提高升級，同時也會收購優秀的平台企業，融入到Salesforce，或與其他企業合作以此來不斷完善和提高Salesforce的技術。2019年Salesforce收購Tableau，並且與阿里雲的合作這兩件事，瞬間打開了中國市場。此外，Salesforce平台建立在公司Mulesoft集成的基礎上，這樣不僅可以統一Salesforce雲上的數據，更重要的是，可以幫助企業建立、擴展和覆蓋其他相關雲的能力，這些雲能力利用核心業務Sales Cloud的數據，為企業客戶洞察客戶行為，提供額外的生產力工具，這將為企

業客戶提供關於公司內部動態或變化的一致性訊息更新。因此，基於其業務市場佔有率和上升空間，Salesforce很可能在未來幾年繼續實現20%的收入增長速度。從新冠肺炎影響的深度和長度來看，環球疫情仍然是一波接一波，因此遠程辦公仍然為常態，多數企業由於疫情從而影響到企業淨利潤，因此不得不從成本出發來控制損失，對於需要自己準備服務器等硬件設備，尋找存放場地等一系列基礎設施，這是一筆不小的成本支出，因此雲轉型也是愈來愈多的企業所考慮的措施，因此對於Salesforce來說是一個利好因素，在基本業務強勁下，其下跌就是買入機會。

圖表 4.81 Salesforce（CRM.US）股價走勢

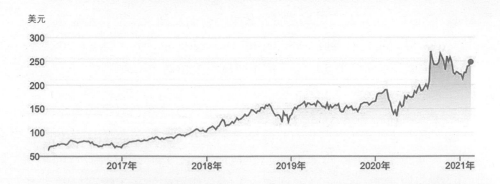

4.9
Sea Limited
東南亞的亞馬遜

connecting the dots

在美國,同時從事電子商務,雲計算業務,娛樂和數字金融服務且在十年內表現突出的企業首先出現在投資者腦中的應該是亞馬遜(AMZN. US),即使目前亞馬遜股價在過去十年內已經上漲了20多倍且市值已經突破1.5萬億美元,但其在美國的市場份額和地位依然支撐著亞馬遜作為美國最有競爭力的科技公司之一。

在中國,同樣具有相似業務模式,過去十年漲幅巨大且佔據大量市場份額的企業應該屬於阿里巴巴(9988.HK),雖然旗下最大的金融科技公司螞蟻金服推遲上市,但並不影響阿里巴巴在中國的業務產業鏈,但縱觀阿里巴巴和亞馬遜,基於二者目前的市值來看,股價在未來十年至十五年還能保持此前的上漲幅度幾乎是不現實的,因為中美市場目前競爭激烈而且市場飽和度也處於較高水平,因此若想把握長期投資機會,就需要尋找有潛力的類似企業。

總部位於新加坡

Sea Limited（SE.US）是一間總部位於新加坡成立於2009年的在南亞地區從事數字娛樂，電子商務和數字金融服務業務企業。它的業務範圍主要集中在以上業務飽和度較低的印尼、越南、泰國、菲律賓、馬來西亞、新加坡、拉丁美洲和印度地區。首先Sea Limited旗下為用戶提供數字娛樂平台的Garena，可以根據用戶喜好來策劃遊戲並且以當地語言向客戶提供手機和PC在線遊戲以及電子競技的服務和支持。Garena目前擁有超過5億的龐大活躍用戶群，雖然其中付費用戶僅佔據10%，但隨著Garena積極開發拉丁美洲以及印度市場的活躍用戶，加上中美競爭令中國遊戲企業在印度失去了很多市場，因此其未來遊戲領域增長空間巨大。

東南亞購物App一哥

第二，在東南亞購物App下載和使用量排名第一的Shopee電子商務平台也是Sea Limited旗下產業，Shopee在東南亞地區處於領先地位且增長速度已經超過Garena，和阿里巴巴旗下淘寶類似，Shopee通過移動應用程序和網站將買賣雙方聯繫起來從而達成交易。第三，目前Sea Limited旗下的金融科技服務公司Sea Money仍然處於初創階段，它主要通過AirPay移動應用程序和手機或計算機上的AirPay應用程序為個人和企

業提供數字金融服務，包括電子錢包和支付服務，以及Shopee的付款處理服務，以及Garena的預付卡的付款處理服務。Sea Money與Shopee和Garena的業務整合為Sea Money增加了大量用戶。隨著Sea Money與Garena和Shopee進一步磨合，其服務的使用量可能會進一步增長，並將成為Sea Limited的下一個增長點。

市場已超900億美元

目前Sea Limited的市值已經超過900億美元，其股價升幅自2017年上市的16.25美元至2020年已經達到1089%。目前對於Sea Limited較大的風險是其較高的估值，較高的債務增長率還有潛在的諸如騰訊（0700. HK），阿里巴巴對於其市場搶佔的競爭風險。不過，谷歌在一份與淡馬錫和貝恩聯合撰寫的報告中預測，到2025年，東南亞的互聯網經濟將從2019年的1,000億美元增長兩倍。作為東南亞地區領先的互聯網科技企業，加上RCEP（Regional Comprehensive Economic Partnership）共15個國家簽署自由貿易協議及中國可能加入CPTPP，Sea Limited很有可能從中獲利。較好的前景也獲得了騰訊控股的支持，雙方共享經驗，知識和資源，騰訊對其的持股比例超過25%也看出騰訊對其前景的肯定，況且未來可能借助騰訊的資源開發更多新業務和生態系統，因此基於此，Sea Limited十年後的上漲空間十分巨大。

圖表4.91 Sea Limited分部收入及按年增長

業務分部	季度收入（億美元）截至2020年6月底	按年變化	季度收入（億美元）截至2020年9月底	按年變化
1. 數碼娛樂	3.84	67.3%	5.7	72.9%
2. 電商及其他	3.65	120.1%	4.9	113.1%
3. 商品銷售	1.33	225.8%	1.54	199.3%
總收入	8.82	102.2%	12	98.7%

資料來源：Sea Limited 業務報告

圖表4.92 Sea Limited（SE.US）股價走勢

美元

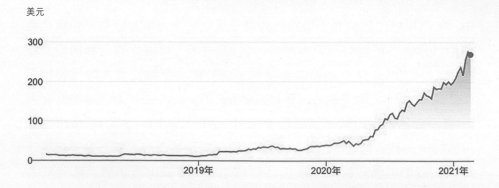

Beyond Meat
進軍中國市場

筆者於80年代畢業後加入怡和集團旗下工業部門，記得當時怡和集團（Jardine Group）為香港最大集團，代理不少全球500強企業的產品，而且種類繁多和涉及不同行業，甚至數家出售軍火的美國企業。

儘管產品繁多，許多同事早已挑選容易銷售、高利潤、高佣金或難於取締的產品，不少優質客戶亦已名花有主，香精便是其中一例，幾乎所有產品包括雪糕等必須色香味俱全，以往香港大部分客戶均採用怡和代理的英國 Bush Boke Allen 產品，加入適量香精、顏色及香料等，為食物增添美味、色彩和漂亮的外表，如以前牛奶公司欲推出荔枝口味雪糕，當他們採用我們代理的荔枝味香精，後因味道更佳而大賣，令產品不容易轉換材料，倘若轉換後，消費者感覺口味不同便可能影響銷量，況且香精用量較少，所佔的成本比例也較少，即使價格上升一倍，客戶們亦不吝嗇，過往的銷售利潤達數倍之多，絕不誇張。

具營養價值及適合素食者

當推出新產品時，我們必須提供樣本供客戶嘗試或使用，記得不少產品為當時全球最創新的產品，包括工程塑膠、鈦粉、人造肉等，即使製造商提供說明書，不但不容易明白，甚至參考各行各業的專業期刊或專有名詞亦非常深奧，我們接觸多為廠商的研究部門或發展部門主管，並非採購部門，他們採用或試驗樣本時，必須非常科學化、實用化及如何落實，更容易和透徹了解新產品的知識及掌握相關技術，將來使用新產品更有勝算及協助拓展業務。

筆者當時誤打誤撞，結果找到一家英國公司，其中一些產品非常有趣，但當時沒有人理會其產品為人造肉（Texturized Vegetable Protein，TVP），主要成份為大豆，並添加可供食用的香精及色粉製作不同的肉類，如豬肉、牛肉、雞肉等等，還有不同顏色，味道也較真正的肉類更佳，筆者看到後覺得必可推出市場，原因如下：

1. 大豆的營養價值非常高，如大家喜歡飲豆漿、吃豆腐花或豆腐等；

2. 人造肉的成本低於鮮肉類，大豆本屬植物，故成本較相同重量的肉類便宜得很；

3. 人造肉原料因屬乾貨而較容易儲存，價格波動也較少，如2019年豬瘟事件為例，一日屠宰6,000頭豬，豬肉價格立即大升兩倍以上，人造肉的儲存日期較鮮肉類更久、成本更低；

4. 現代人愈來愈喜歡素食，除大量進食優質食材／肉類外，人們經常缺乏運動，鮮豬肉或其他肉類或許太肥膩，食品生產商可考慮在不同的肉類食品裡加入人造肉，比例視乎不同產品而定，例如人們愛吃的火腿、香腸及燒賣等等，不但減少肥膩感，還有植物的纖維口感更佳，成本更輕，如為投資者接受，若可提高售價，利潤更高及非常划算，猶如汽車的Hybrid，電動和汽油的混合車般！

5. 中國素食或齋菜一般較油膩，大多以油炸形式烹調，如芋頭魚，還有齋鹵味及甜酸醬汁等造成，即使以豆品為原材料，其實不太健康，儘管現已改善及出現Fusion菜，只有少部份餐廳或私房菜才供應。

從上述第5點，人造肉逐漸受普及，筆者最終找到適合的新客戶，如淘大及位於屯門的湖記父子火腿廠，說服他們嘗試加入人造肉原料於其急凍點心及火腿等產品內，剛巧湖記老闆的兩位公子從外國進修食物化學（Food Chemical）學成歸來，便希望採用新原料製造新產品，經多次試驗後成功，更訂購數以貨櫃計的人造肉原料加入其火腿產品，當時其利潤以倍數計，除為公司開拓新的收入來源外，筆者也賺取可觀的佣金及成為畢業不久後第一桶金！

小心Beyond Meat重蹈Tesla覆轍

經過30多年發展，提倡素食、有機、環保等觀念較80年代有過之而無不及，現時才有一家人造肉製造商Beyond Meat（BYND.US）於2019年

5月在美國上市，股價在上市不足1個月內上升幾倍，約一個月後下調25%，若進一步調整，各位或可考慮伺機購入，而且其定位非常良好和迎合環保潮流，不想成為全球暖化的幫兇，無論肉汁和香味足以媲美鮮肉，甚至更勝傳統肉類，雖然其售價較鮮肉昂貴，熱潮來臨便不容易抗拒。

現時人造肉的漢堡包反應熱烈，減少吃肉的浪潮興起，本來利用植物製造人造肉的成本較便宜及更方便儲存，現時售價卻更高，利潤實在更可觀，難怪2020年首季收入上升逾3倍，或因其基數較低及暫時沒有其他競爭對手而已，可能這些創業者根本不熟習傳統業務模式，令短期產量不能滿足客戶的需求。

若情況持續下去，猶如Tesla（TSLA.US）因過去無法滿足客戶的需求而被人垢病，加上後勤服務的輪候時間較長，如維修服務等，客戶被逼尋找替代品或方法，最終損失先機或機遇，人造肉製造商便被傳統的漢堡

包大舉反擊，如利用人造肉加入鮮肉減輕脂肪水平，並以健康及持久為招徠，吸引年輕客戶，味道反而更佳和售價較傳統的漢堡包更便宜或相同，影響人造肉的銷量，據悉愈來愈多人造肉生產商加入這藍海競爭。

記得湖記加入人造肉原料在其火腿產品後成本下降，較容易貯存，味道亦非常不俗及減少油膩感，筆者曾購買數罐10公斤火腿與家人及朋友品嚐，結果好評如潮，現時各大超市仍出售其火腿產品，但當時沒有利用人造肉作為火腿產品的定位和宣傳，只為節省成本及提升利潤而已，雖然產品質素更佳，消費者卻不太願意支付更高的價錢購買健康食品。

隨後湖記旗下金妹火腿產品被四洲集團（0374.HK）收購，未知現時是否仍採用人造肉原料生產火腿產品及火腿腸等，倘若沒有，不妨考慮像30多年前加入人造肉原料於產品裡，相信無論形象、價格、利潤、產品年輕化均有助其火腿產品的銷售大增；如有，更應突出人造肉的定位及優點多加宣傳，或許有助四洲集團推廣更多業務，未來有機會因人造肉混合傳統肉類作為食材而提升銷量和盈利，四洲的估值可能較現時高得多。

人造肉競爭暫不大

現時Beyond Meat及Impossible Food雄據人造肉市場，Beyond Meat股價分別在2019及2020年上升202%及65.34%，表現不俗，曾上升至高位197.5美元，至2020年12月底為126.49美元，較高位回落36%；Beyond Meat的最大競爭對手Impossible Food，雙方均推出其產品至市場，如麥當勞利用Beyond Meat的人造肉製作早餐。

Beyond Meat 已進軍中國市場：

1. 在2020年7月4日於阿里巴巴（9988.HK）旗下、位於上海50家盒馬鮮生（Freshippo）連鎖超市出售植物漢堡（Beyond Burges），顯示 Beyond Meat 正式進軍中國超市，並於2020年9月登陸在杭州的48家盒馬鮮生門店，又可於線上購買；

2. Beyond Meat 亦於2020年4月透過星巴克進入中國市場；

3. 也透過百勝中國旗下肯德基、Taco 及必勝客等，進入中國多個城市銷售 Beyond Meat 產品；

4. Beyond Meat 亦與中國進口食品分銷商 Sinodis 簽訂分銷協議，透過 Sinodis 旗下4,500多家批發商擴大市場及分銷影響力，暫時反應一般，仍需於價格、口感及品質等方面改進。

植物肉須降低成本

新冠疫情大大打擊全球糧食供應，人造肉因而乘勢而起；人造肉共分兩類：

1. 植物肉（Plant-based Meat）；

2. 以動物細胞培植的培植肉（Cultivated Meat），屬新興的傳統肉類替代品。

80年代人造肉應屬素肉，以植物為原材料，經加工、處理、混合、調色和調味等製作而成，植物肉則利用重組微生物發酵技術（Recombinant Microbial Fermentation）製造不同種類的蛋白質，加入植物產品中成為第二代產品，令人造肉更具肉味，相信新冠肺炎疫苗利用AI提升研究速度，不同的蛋白製造也可利用AI協助。

目前最大阻礙為外國植物肉價頗高，如Beyond Meat的產品售價高於普通肉類製品70%，故亞洲地區尤其是國內不太容易接受，若產品以基因改造成份的配料為包裝，將延遲相關的產品推出市場，但全球蛋白質產品的供應鏈備受新冠疫情衝擊，應有助細胞培植肉企業利用科技更迅速地尋找解決問題方案。

相信未來更多初創企業加入人造肉行列，如香港Avant Meats集中於花膠及魚柳等產品，還有以色列初創企業Future Meat Technologies等；各位宜繼續留意未來人造肉市場，認受性因健康、環保、ESG等提高，「錢」途與機會無限。

Chapter 05
中國科技領袖股

5.1
中國新經濟股
攻略

眾所周知，全球科技龍頭位於美國，40多年來鄧小平推行改革開放，眾多中國留學生到美國讀書或進修，吸收許多科技知識和經驗，甚至留在美國大、小型科技公司工作，如今獨當一面。

鑑於中國人口眾多、市場龐大，早於7、80年代已不斷表示，若能接觸一位中國人，每人花費1元人民幣、10元人民幣或100元人民幣，便成為13億元人民幣、130億元人民幣及1,300億元人民幣營業額，但如何做到？利用哪些渠道或工具？科技無遠弗屆！利用最合適的技術便能達到目標。

馬雲仿傚美國網上銷售模式創立阿里巴巴（9988.HK），後來發展成為中國特色的阿里巴巴，而且進一步擾亂、收購、合作及自身發展至不同行業，當中尤以金融行業及發展全球最大的金融科技企業——螞蟻集團，若2020年底真的上市，內地四大銀行的市值總和比不上其市值！

筆者記得美團（3690.HK）來港上市及進行IPO路演時，幾位創辦人分享創立美團的過程，他們幾位原為清華大學畢業生及創立人人網，後來出

售及到美國修讀碩士，並尋找哪些優質美國科技企業可引入中國發展，當時馬雲已進軍網上貿易平台，他們認為中國人一直「民以食為天」，回國後便發展外賣平台業務，其市值在IPO後飛升近十倍，繼而晉身恒生指數成為藍籌股。

策略一：投資一線中國科技股

穩中求勝策略適合穩健型投資者，筆者認為應以中國科技股最先行者為首，且仍高據榜首，發展日漸成熟，但仍屬高增長及尚未見頂的新經濟股，以市值、流通性、過去及未來增長等成為恒生指數成份股為主，不但有助減緩股價波幅，也可利用較便宜成本集資及進行併購或投資，加快這些企業的擴張速度，直接影響企業盈利及股價升幅。

預計這些企業已從缺乏盈利的科技股演變至錄得盈利，甚至如騰訊曾派息，既可攻、也可守，屬於穩中求進取的新經濟股必備元素之一，包括阿里巴巴、騰訊（0700.HK）、平保（2318.HK）、暫停上市的螞蟻集團、美團、小米（1810.HK）、藥明生物（2269.HK）等，部份更為阿里巴巴或騰訊等參與投資的子企業。

策略二：投資未來有機會成為 恒指成份股股份

增長型股份包括在美國上市表現出色的中概股，有機會因中美博奕而回

歸香港上市或第二上市，未來或許成為藍籌股企業，但投資於這些企業波動較大，或可能出現跳躍式增長及升幅，如晉身恒生指數藍籌股前後的股價升幅，或因持有不少企業可供分拆而提高估值，帶動企業股價上升、盈利增長及估值提升，一般升幅較可觀及獲得更高回報，波動也較大，包括京東（JD.US）、拼多多（PDD.US）、比亞迪（1211.HK）、嗶哩嗶哩（BILI.US）、百度（BIDU.US）、未上市的 Tik Tok、網易（9999.HK）、新東方教育（9901.HK）等。

圖表5.11 在港第二上市公司市值

股份名稱	市值（億港元）
阿里巴巴*（9988）	57,792
京東（9618）	10,735
網易（9999）	5,141
宏利金融（0945）	2,588
新東方（9901）	2,282
中通快遞（2057）	1,967
百勝中國（9987）	1,961
萬國數據（9698）	1,278
華住集團（1179）	1,269
再鼎醫藥（9688）	717
迅銷（6288）	310
寶尊電商（9991）	236
南戈壁（1878）	1

註：*阿里巴巴已成為恒指藍籌股
數據至 2020 年 11 月 25 日

圖表5.12 已於香港第二上市中概股表現

股份名稱	2020年12月3日收市價（港元）	2020年12月3日變幅（%）	上市至今股價表現（%）
再鼎醫藥（9688）	825.5	-1.26	+46.89
京東集團（9618）	331.4	+1.66	+46.64
阿里巴巴（9988）	257.4	+0.86	+46.25
華住集團（1179）	394.6	+0.15	+32.86
寶尊電商（9991）	102.9	+3.21	+24.13
萬國數據（9698）	87.9	-0.06	+8.68
百勝中國（9987）	444.8	-1.51	+7.96
中通快遞（2057）	225.2	+1.81	+3.30
新東方教育科技（9901）	1,225	-3.54	+2.94

數據至 2020 年 12 月 3 日

圖表5.13 市傳有意來港第二上市中概股表現

股份名稱（美股代號）	市值（億美元）	年初至今股價表現（%）
拼多多（PDD）	1,772.84	+280.91
好未來（TAL）	420.28	+45.25
嗶哩嗶哩（BILI）	214.68	+231.85
攜程（TCOM）	196.60	-1.16
唯品會（VIPS）	170.21	+77.35
歡聚集團（YY）	69.40	+62.34
世紀互聯（VNET）	36.89	+282.90

數據至 2020 年 12 月 3 日

策略三：投資於恒生科技指數成份股

隨著更多金融機構及基金經理推出恒生科技指數ETF，還有港交所推出更多相關期貨及期權，相信波動性將更大，加上成份股的轉換率應較恒生指數更頻繁，如2020年12月將換入兩隻新成員，分別為從事房地產SaaS的明源雲（0909.HK）及祖龍娛樂（9990.HK），除部份科技指數成份股和恒生指數成份股相同外，可以把餘下的27家企業分為軟件、硬件服務及生產商等。

從恒生科技指數成份股所示，剔除幾隻恒生指數成份股後，各位讀者可選取每類型的龍頭股，例如：

1. 屬製造業的手機設備股，舜宇光學（2382.HK）必為首選，2020年10月歐美日疫情嚴峻，其手機鏡頭、手機攝像模組出貨量按年均有所上升，增長最凌厲為車載鏡頭，出貨量按年及按月均上升，證明企業在逆市下仍錄得增長，更何況於正常情況，還有iPad 5P鏡頭開發進度理想，華為事件影響也較微；

2. 比亞迪電子（0285.HK）迅速增長；

3. 網易（9999.HK）包含遊戲、手遊等元素；

4. 中芯（0981.HK）及華虹（1347.HK）為晶片製造商；

5. 聯想（0992.HK）以硬件為主，受惠於WFH及WFA，電腦、雲、數據需求大升，疫情改變電腦需求結構，加上數據中心，應有機會上升至前三位；

6. 微盟（2013.HK）及金碟（0268.HK）以軟件為主；

7. 平安好醫生（1833.HK）、阿里健康（0241.HK）、京東健康（6618.HK）及日後上市的騰訊旗下微醫等均利用網上看病，還有售藥服務。

策略四：投資於新經濟的重要供應鏈

一如過往手機股或企業之發展，小米、華為、蘋果（APPL.US）等供應商包括：舜宇光學、瑞聲科技（2018.HK）、高偉電子（1415.HK）、丘鈦科技（1478.HK）、甚至台積電（2330.TW）均受惠中國手機製造的強大增長，繼而帶動股價飛升。

電動車及5G等板塊緊隨其後，Tesla（TSLA.US）致力發展美國及中國電動車市場，盈利及股價不斷大顯神威，終於2020年12月晉身標普指數，並暫時成為標普十大市值股票之一，卻大大刺激電動車板塊，包括：

1. 推動中國電動車龍頭比亞迪（1211.HK）股價於2020年9月至11月上升逾倍；

2. 相關的電池股如贛鋒鋰業（1772.HK）同期也上升近倍；

3. Tesla Model 3在上海出產的汽車使用磷酸鐵鋰，帶動寧德時代（300750SZ）的磷酸鐵錐產業鏈從2020年9月份180元人民幣上升40.5%，至253元人民幣，跟Tesla在拆細後及未能在2020年9月份加入標普指數相似，Tesla股價從高位每股500美元下跌至380美元，卻從11月底回升59.9%，至607.8美元及再創新高，升幅與寧德時代（300750Z）相若。

Tesla的崛起觸發電動車及自動駕駛不可逆轉之趨勢，相信眾多屬舊經濟的汽車製造商跟隨，整體汽車產業鏈將發生非常重大變化，汰弱留

強、推翻過往思維或工序，重新構建，如智能駕駛需要高性能的電動助力轉向系統（EPS），卻不大需要提升機械結構，主要集中提升軟件、傳感器、系統安全等方面。

現時耐世特（1316.HK）可以製造及符合自動駕駛的功能標準，當中包括先進駕駛員輔助系統（ADAS）技術，預料隨著2021年全球經濟復蘇，汽車製造業應朝此方向發展，相關的需求非常大，目前全球轉向系統的主要供應商包括博世科（300422SH）、捷太格特（6473.JP）、耐世特、日本精工株式會社（6471.JP）及采埃孚，這五家公司共佔80%市場，Tesla在國內市場已取得吉利（0175.HK）、長汽（2333.HK）、比亞迪等主要汽車製造商的訂單，全球行業的排名亦從第五位躍升至第三位。

除此之外，以電動車充電站為主的企業發展亦無可限量，如ChargePoint等，估計2025年全球充電站數量將達到250萬個，過去油站獨當一面的格局將發生翻天覆地般改變，油企曾為全球十大企業，現已被新經濟及電動車股所取代。

其他新經濟板塊因不斷創新而推動相關企業不斷成長、盈利及股價拾級而上，其供應鏈包含不少優質供應商，預計業務、盈利和股價趨勢也非常耀眼，值得各位留意，也不容錯過。

5.2

京東料續領導
在線銷售

京東（JD.US）業績強勁，加上其擁有48%股份的在線食品雜貨聯營公司（Dada Nexus）已於2020年6月份上市，預料京東繼續成為在線銷售領導者。

超市規模推動增長

筆者對京東的中長期增長持樂觀態度，並認為超市業務可以維持京東的長期增長，超市業務將在結構上提高用戶購買頻率和對該平台的黏性。京東超市在2019年收入規模最大，它通過自己的本地零售計劃以及通過其關聯公司JD Daojia（在Dada Nexus內）進一步打入了在線食品雜貨市場。相關表現顯示，京東多年來展示的投資是值得的，可以培養客戶高購買頻率、參與度和黏性。由於巨大的市場潛力和線下同行，京東計劃進一步投資以增加市場份額，預計該業務的潛力將超過其電子和家電業務的規模。與線下同業相比，京東維持較低的毛利率戰略，它旨在吸引更多品牌，並確定京東和線下相比利潤更高的渠道。

2020年京東的線上渠道呈現強勁的增長勢頭，據權威市場調研機構尼爾森發布的《2020上半年電商行業趨勢白皮書》顯示，2020年上半年已有超過10,000個品牌在京東超市成交額同比增長100%。其中，來自京東超市的技術、數據、營銷、供應鏈等優勢能力推動消費品市場加速增長，助力經濟高質量發展。疫情期間「宅經濟」順勢崛起，消費者躺在沙發上就能逛京東超市，足不出戶購買米麵糧油、速食食品、水飲等民生必需品。預料後疫情時代，這一勢頭繼續延續。據尼爾森對常見生活快消品類的銷售額監測分析，618（每年的6月18日是京東店慶日）期間以食品為代表的大量民生品類在京東增速明顯。疫情也催化直播電商的崛起，面對這一全新業態，京東超市積極拓展直播通道，為各大品牌打造最大市場。京東超市在618期間啟動「百大縣長直播」，上百位地方領導親自下場為家鄉帶貨，累計觀看互動高達1.2億人次。

此外，為響應商務部《關於開展小店經濟推進行動的通知》，旗下京東便利店將在全國多地開放特許加盟合作，首批城市包括北京、上海、成都、濟南等，未來會繼續開放更多特許加盟城市。目前已收到數千位小店店主諮詢和報名，將為加盟商提供選址評估、設計施工、運營規劃、經營指導、營銷策劃等專業服務，以此降低經營成本、提升門店利用率，幫助門店拓闊收入來源。但京東主要風險為中國電子商務市場的競爭更加激烈、在線消費放緩和京東超市經營風險，如果京東的快速消費品業務部門（京東超市，京東新鮮食品和7Fresh）的毛利率沒有提高，或因競爭更加激烈，經營風險所致，利潤則可能下降。

具分拆上市價值

京東具有分拆上市價值，旗下京東健康（6618.HK）已在2020年12月8日在港上市，上市首天上升56%，京東健康已實現盈利，估值亦較平安好醫生（1833.HK）及阿里健康（0241.HK）便宜，但京東旗下京東物流及京東科技估值高於京東健康達4倍，近2,000億元人民幣。

京東物流為全球唯一同時擁有大中小件、冷鏈、企業對企業（B2B）、跨境及眾包等廣大網絡企業，包含六大業務範疇：供應鏈、產業平台、一體化供應鏈服務、供應鏈技術、京東快遞、國際供應鏈及京東冷鏈，共有750個倉庫，其中24個為全流程無人倉庫，優於唯品會（VIPS.US）及蘇寧易（002024.CN）。

從事金融科技的京東數碼乃京東另一塊寶，五大主要業務包括：金融、城市、農業、營銷及人工智能，更利用物聯網、雲計算等技術為企業建立數碼化和智能化解決方案，上述三大非零售業務與京東旗下網購業務產生協同效應。

京東55億入股社區團購龍頭

社區團購乃各科技企業兵家必爭之地，美團（3690.HK）及阿里巴巴（9988.HK）在2020年底紛紛成立社區團購分支，如阿里巴巴在2020年10月於武漢首推「盒馬優選」、美團在2020年7月推出「美團優惠」、拼多多（PDD.US）亦於2020年中成立「多多買菜」等。

京東因而欲大舉搶佔市場，更已宣布投入55億港元（約7億美元）購入內地社區團購龍頭興盛優選的優先股。興盛優選為一家提供生鮮食品和生活必需品予社區家庭的領先社區團購平台，總部設於湖南長沙，現時業務遍及14個省，京東同時整合內部相關品牌如「友家舖子」、「蛐蛐」等團購品牌。

2020年興盛優選的交易額（GMV）達300至320億元人民幣，估值約50億美元，估計2020年團購市場為2,000億元人民幣，預料2025年增加至1.3萬億元人民幣，年複合率增長達54%，相信有利日後京東的盈利增長；京東採取以守為攻之策，不但鞏固其護城河，擴展更多業務保護自身企業，更不容易被對手追上或攻破。

5.3

bilibili
年輕力量驅動增長

bilibili（BILI.US）全稱為嗶哩嗶哩彈幕網，亦稱嗶哩嗶哩、bilibili彈幕網，或簡稱為B站，起初為中國大陸一個以ACG（動畫、漫畫及遊戲）相關內容的彈幕影片分享網站，徐德在2010年1月14日創立，並於2018年在美國上市，創立初期以ACG內容為主，逐漸形成專注ACG內容的社群，後來成為二次創作及「惡搞」視頻集中地。

其前身為影片分享網站Mikufans，該網站由網友「⑨bishi」（徐逸）於2009年6月26日建立。Mikufans建站的初衷是為用戶提供一個穩定的彈幕影片分享網站，網站於2010年1月14日改為現名。

手遊及直播收入佔比高

bilibili的主要分區分為番劇、國創、放映廳、紀錄片、漫畫、專欄、直播、課堂、動畫、音樂、舞蹈、遊戲、知識、數碼、生活、VLOG、鬼畜、時尚、娛樂、音樂PLUS、影視、電影、電視劇、音頻，亦設有會

員購、專題中心、全區排行榜、活動中心、小黑屋、遊戲中心（特指由嗶哩嗶哩代理登陸介面的遊戲發布平台）、遊戲賽事的區域。

現為中國年輕世代高度聚集的文化社區和視頻平台，但若以bilibili 2020年首3季業績顯示，集團收入為81億元人民幣，與2019年首3季收入47.61億元人民幣相比，增加71%，當中約40%來自於手機遊戲，30%來自於直播及增值服務，17%及13%分別來自於廣告及電商和其中業務；可見暫時仍以遊戲為主要收入來源，但相比2017年約80%以上，確已下調不少，協助穩定及分散收入來源。

除了影片外，bilibili還運營《命運／冠位指定》、《崩壞學園2》等多部遊戲。至2015年，75%用戶年齡在24歲以下。至2020年第3季，B站月均活躍用戶（MAU）達1.97億，同比增長54%，bilibili在2020年8月更突破2億人，創下歷史新高，預料2021年每月平均人數達2.2億人，集團預計2020年第4季收入約為3.6至3.7億元人民幣。

付費業務續強勁增長

付費業務方面，B站「大會員」數量增長110%，至1,280萬戶，再創新高，季度月均付費用戶增長89%，至1,500萬戶，付費率從2019年同期6.2%提升至7.6%。

B站仍然受益於圖文內容視頻化的紅利，廣告商預算從傳統的門戶網站轉移至視頻平台，轉化公司的品牌影響力增加，用戶增長，內容擴展

圈，逐漸成為廣告商的必投平台。下半年是電商平台的投放高峰期，B站的活躍社區轉變和年輕用戶與這些廣告主的需求相契合，將吸引更多的投放預算；B站在2020年下半年也推出綜藝及晚會等大型活動上線，預計受到品牌廣告商的追捧，及下半年廣告業務保持增速。

B站經過逾10年發展，圍繞用戶、創作者和內容構建源源不絕及產生優質內容的生態系統，嗶哩嗶哩已擁7,000萬個大類、700多萬個細分小類的視頻內容。這些內容涵蓋旅遊、數碼、體育、財經、教育、遊戲等多個領域。除利用垂直內容無死角覆蓋年輕人所需，彈幕文化也是嗶哩嗶哩和用戶黏性最大的橋樑之一。嗶哩嗶哩加快分裂更多的業態。官方在2019年對嗶哩嗶哩的定義還主要圍繞「用戶社區」展開，這變化讓資本市場感到興奮。

2020年股價升3倍

2020年嗶哩嗶哩在美股的股價上升360.37%，2019年及2018年分別上升27%及26%，故投資者不妨注意，2021年初至1月28日因將於2021年首季來港第二上市而股價率先上升38.82%，卻不應急於高追，不少投資者先行投資於美股部份，較在港高價認購新股為佳，市場盛傳來港第二上市增加集資至2,346億港元，或許為中長線值得購入之機。

5.4
比亞迪——
內地電動車龍頭

比亞迪（1211.HK）2020年9月季度營業收入為445.2億元人民幣，按年增長40.72%；淨利潤按年上升1362.66%，至17.51億元人民幣，淨利潤率3.93%，按年上升934.21%，超越市場預期，第三季業績迅速反彈，同時2020年1-9月歸屬股東淨利潤為34.13億元人民幣，增長116%，增長主要來自於新能源汽車銷量回升，比亞迪電子（0285.HK）利潤增長及口罩業務的增長貢獻。

比亞迪2020年上半年汽車銷量總計15.9萬輛，其中燃油汽車為9.8萬輛，每年增長18.9%，燃油車逆市增長主要是2019年下半年上市的宋pro以每月超過1萬的銷量所帶動，新能源乘用車在補貼退坡和疫情雙重影響下，銷量只有5.7萬輛，下降59%，從細分車型來看，混動車銷量為1.1萬輛，下降75%；純電動車銷量為4.6萬輛，下降51%。幸而2020年下半年開始，國內流行病趨於穩定，補貼退坡減緩，新能源汽車銷量回復穩步，加之其全新的旗艦車型「漢」在7月12日正式上市，計及宋加和全新秦EV的上市，預計其整體汽車銷量將呈現明顯增長。

比亞迪建立新高端電動車品牌「海豚」，於2022年推出市場，繼而於全新平台建立獨立經銷商網絡，比亞迪2020年在電動車多個關鍵技術都獲得長足發展。在關鍵零部件如電池包、電機、IGBT等實現自供。e平台例如三電合一、高壓合一等集中式模塊提高了產品效率和性能，也降低成本，有助彌補補貼下降帶來的影響。預計集中化程度還有進一步提升空間，利用垂直整合能力、核心技術和先進構想鞏固領先優勢。

漢EV有望提振銷量

漢EV作為全面體現比亞迪先進技術的首款B級轎車，外形設計沿用漢家族元素，整體採用流線型設計，性能趕超 Telsa Model 3，售價21.98 - 27.95萬元人民幣。漢EV四驅高性能版，百公里加速達到3.9秒，其他性能參數都處於行業領先水準。內飾由奔馳前任內飾設計總監打造，豪華感十足。漢搭載的Dipilot輔助駕駛系統達到L2級，獨創的教練模式格局為不同駕駛者提供不同駕駛參數，達到千人千面的駕駛體驗。漢各方面的卓越表現都進一步提升比亞迪的品牌形象，在2020年12月銷售暢旺，未來更多比亞迪電動車如漢EV等均使用其刀片電池，目前訂單3萬輛，有望成為提升公司銷量的主力車型。

據《證券時報》報道，比亞迪透露於2020年7月12日漢車型正式上市後，出現大量訂單客戶排隊等候提車的現象。目前漢車型交付量仍無法及時滿足已有訂單客戶和新增訂單客戶對現車的需求。比亞迪正盡一切

力量，在保證產品品質的前提下，努力提升漢車型產能，加快交付速度。此外，比亞迪將推出《漢訂車積分補償計劃》進行補償。

比亞迪在歐洲推出漢EV，售價為4.5 - 5.5萬歐元，搭載刀片電池及比亞迪將發布的Dipilot 智能輔助系統，具安全性、長續航及長壽命等特點的刀片電池，可以穩定地輸出達800安培大電流，高性能碳化硅電機控制模塊提升電控系統的過流能力56%，令比亞迪漢EV 0-100公里加速只需3.9秒。

創新刀片電池加快量產

電池乃電動車成功的核心元素之一，2020年比亞迪正式推出基於磷酸鐵鋰打造的刀片電池，它擁有300多個核心專利，採取全新的疊片工藝製造，體積最大化提升，體積比和能量密度較傳統鐵鋰電池提升，成本降低，放電率也大幅提升，壽命也達到8年120萬公里。雖然從電芯薄片看電池能量密度為170wh/kg，但pack的能量密度已經達到145wh/kg，與市場主流的三元電池無異。8條13Gwh產線將在年底全部投產，預計2021年將再增加13Gwh的產能。刀片電池的卓越性能和安全性也將為比亞迪的電池外供業務帶來大幅提升，目前客戶包括長安（000625SH）及豐田（7203.JP），2021年比亞迪將向一汽及紅旗全新B級純電動車E-QMS供應刀片電池及下半年裝車，未來通過刀片電池的產能擴大，外供比例將不斷增加。相信2021年刀片電池獲國際知名品牌汽車使用，進一步加強電池外銷能力。

高品質、低油耗比亞迪第四代插電式混合動力系統DM4.0成為最核心的優勢，在不充電的情況下，油耗指數會維持在5L以內。預計搭載DM4.0技術的新車型將在2021年首季推出，秦DM和宋DM銷量可期。

或分拆半導體業務上市

市場預測比亞迪收入增加，增長潛力也提高，除汽車及電池外，比亞迪完成全資比亞迪微電池重組，引入策略投資者，或可能分拆半導體業務上市。

比亞迪不斷強化業務，2019年與豐田成立純電動車研發公司及簽訂合作協議，與華為合作汽車智能網聯、智能駕駛等，在國內及海外市場不斷擴張；手機業務穩步增長，包括3D玻璃、陶瓷及組裝業務增長良好，提供穩定收入。

為對抗新冠疫情，2020年中國財政部繼續支持能源車補貼及延長至2022年，同時延長免除購置稅至2022年，據國家發布《新能源汽車產業發展規劃2021－2025》提出，預計未來數年行業高速增長。

中國政府更承諾於2060年零排放下，作為內地電動車龍頭企業比亞迪最受惠，並擁有自家品牌、IP及電池技術等，不但晶片可自給自足，還可以輸出，毋懼面對短期晶片荒，加上股神巴菲特持股，其股價在2020年第4季升幅近倍，但或因市盈率太高而回調，宜中長線持有，未來有機會晉身恒指藍籌股行列。

5.5
小米
變鳳凰騰飛

小米（1810.HK）創辦人雷軍指許多人不明白小米，「看得準」投資者亦因此大幅獲利，記得小米為香港首家利用「同股不同權」形式上市公司，雖然以出售手機為主業及獲利，竟以高估值及市盈率上市，非常懂得把握時機，加上部份投資者不斷於高位套現，物聯網（IoT）高利潤佔比仍較低，小米股價曾屢次下挫、甚至跌破招股價！

經鞏固及企業改進後，適逢推出5G及華為受制裁的機遇等，加速小米手機業務增長，IOT成功率也增加，令投資者重拾信心，成為2020年第4季AMTXJ中表現最佳的股份，形成重要的轉捩點。究竟原因何在？

手機業務表現亮麗

首先其手機業務表現亮麗，小米集團是中國一家從事智能硬件和電子產品研發、智能家居生態建設的大型移動互聯網企業，成立於2010年4月6日，總部位於中國北京。截至2019年，小米集團在全球超過90個國家和地區的市場開展業務。2018年7月9日，小米以「小米集團」名義在香港交易所主板掛牌上市，成為港交所上市制度改革後首家採用不同

投票權架構的上市企業。當時小米乃繼蘋果（AAPL.US）、三星（005930.KS）、華為之後第四家擁有手機晶片自研能力的手機公司。

小米通過旗下生態鏈品牌MIJIA（米家）與旗下子品牌Redmi（紅米）、POCO，其產品線從智能手機及耳機、流動充電器等手機周邊產品和音箱、手環等相關移動智能硬件，擴充到智能電視、機頂盒、路由器、空氣清新機、電飯煲等家居消費產品。小米已建成全球最大消費類IoT物聯網平台，連接超過2.52億台智能裝置（不含智能手機和個人電腦），作業系統MIUI月活躍用戶達到3.096億。小米系投資的公司接近300家，覆蓋智能硬件、生活消費用品、教育、遊戲、社交網絡、文化娛樂、醫療健康、汽車交通、金融等領域。

自2019年起，小米連續入選世界500強排行榜和「BrandZ全球最具價值品牌百強」。它在2019年首次入選世界500強時，排名468位，2020年排名第422位。在2019《財富》未來50強榜單中則排名第7。小米集

團旗下包含小米（MI）、Redmi、米家等其他子品牌，另有眾多與小米簽訂合作協定的生態鏈企業，如紫米、華米等。

相信2021年小米的中國市場份額應通過以下方式得以改善：1）利用其雙品牌戰略擴大客戶群；2）增強在線和離線渠道以提高市場份額。故預測小米在中國／全球智能手機市場的份額將有所增長。業務部門間協同作用將推動中國互聯網服務與智能手機的勢頭同步增長。

開始向高端市場滲透

小米雙品牌（紅米＋小米）戰略亦有助於進一步滲透高端和大眾市場，並獲得持續的市場份額增長。首先，小米在國內的高端市場相對不足。但Mi 10和Mi 10 pro的發布價格達到創紀錄的4,000-5,000元人民幣，這開展小米朝向高端市場滲透的戰略重點，趁華為缺乏半導體芯片之機搶佔高端市場。

在京東2020年6月18日購物節期間，這兩款產品被評為最暢銷的5G智能手機，並且在西歐也十分暢銷。在2020年8月，小米發布高端旗艦機型Mi 10 Ultra，價格為5,599元人民幣，並在10分鐘內出售了10萬台。小米將繼續投資於高端產品開發，並於此範圍內推出更多產品，這將進一步提高整體平均售價，令小米在歐洲排名季軍，並在西班牙成為冠軍，佔30%市場份額，預計小米繼續搶佔華為在歐洲流失的份額，進而挑戰歐洲佔比冠軍之位。

2020年第3季小米收入按年增長34.5%，達721.6億元人民幣，當中智

能電話收入上升47.5%，至476億元人民幣，手機平均售價（ASP）為每部1,022.3元人民幣，按年上升15.5元人民幣，其手機在國內銷售迅速增長及售價提升，內地市佔率從9%上升至12.6%，ASP則增長14.7%，主要受益於高端智能手機銷量佔比上升。

境外收入佔比提高

儘管新冠疫情爆發影響了生產、運輸和安裝，但物聯網和生活方式產品收入同比增長16.1%至181億元人民幣，當中境外收入增長56.2%，創下單季歷史新高，部份主要產品如手環、滑板車、掃地機器人等境外收入已超越國內；互聯網收入上升8.7%，至58億元人民幣，MIUI月活躍用戶增加26.3%，至2020年9月收入為3.682億元人民幣。

由此觀之中國和海外市場的智能手機需求已迅速回升，因為印度／歐洲的智能手機激活率亦已恢復，政府逐漸開始解除對產品的限制和銷售活動，預測小米收入及利潤增加，主要源於假設智能手機平均售價上升，5G及更高ASP智能手機吸引更多客戶，產生更高的互聯網利潤收入。

展望未來，小米以通過直銷或特許經營模式開設更多的授權商店改善其線下業務為目標，雖然利潤率較低，但所需的資本投入也較低。其業務之間的協同效應能推動其中國互聯網服務及智能手機業務同步高速增長；印度市場因當地工場曾因爆疫而停工，須從印度以外地區引入手機，故受到一定程度的影響，小米於當地出貨量則仍居首位。印度據報嚴控中國電子產品質量，蘋果iPhone、小米產品進口受阻。

小米採用雙品牌及「手機＋AIoT」戰略，集團於2020年底擁有2,000多項IoT產品SKU（最小存單位），IoT平台智能設備連接數已達2.89億，約有560萬名消費者擁有5個以上小米設備，智能設備活躍用戶逾7,800萬，米家應用程式逾4,300萬，小米專注用戶體驗，逐步推進海外市場，歐洲市場還有巨大的增長空間。2020年末季的手機出貨快速增長，高端和5G機型的全面更新十分順利。另一方面，IoT的5G設備用戶數和總連接數仍不斷增加。

可惜零件供應短缺情況在2020年底及2021年初仍充滿挑戰，必須與供應商協調及配合，以便妥善地進行生產規劃，滿足市場需求及減緩晶片荒等影響。

小米內部設有兩隻投資基金，分別為：

為創新而設立的戰略基金：現已投資300家企業；

產業基金：小米與武漢長江產業集團成立120億元人民幣基金，主要投資於與小米相關製造業上游技術及核心零件，共80家企業。

小米計劃建立智能工廠，預料未來手機年產量逾100萬部，旨在推動中國智慧製造之發展，有助提升小米自身生產效率，裨益尤甚。隨著小米手機銷量不斷擴大，一如蘋果手機般，加強5G普及化，小米IoT將發揮更大作用，提升IoT收入佔比和毛利率。

記得2018年7月9日小米上市，當時招股價為17港元，集資額約為239.8億港元。小米再於2020年12月1日以「先舊後新」方式配股，涉

資10億股，每股發售折讓9.4%，集資額最多約245億港元，超越2018年上市集資額，同時加入7年期零票息可換股債券，總值8.55億美元（約66.3億港元），合共集資311.3億港元，市場估計是次集資用作調研、創新、投資及發展，並把握搶佔華為手機的缺口及擴大市佔率。

若小米股價有機會回調至每股25元水平，宜考慮作中長線持有，若於27港元左右亦可考慮，未來手機XAIOT發展方面，相信小米發展模式猶如美國蘋果電腦（AAPL.US）配合亞馬遜（AMZN.US），體積或許更龐大，絕不可小覷，毛利率更高。

染指電動車市場

繼百度（BIDU.US）、蘋果、阿里巴巴（9988.HK）及華為等均欲進軍電動車市場、智能車載及自動駕駛技術，2021年2月中旬市場消息指小米染指電動車，創辦人雷軍親自披甲上陣，他曾於2013、2015及2018年多次研究生產電動車，卻均認為時機未至及屬「騙人」的業務，但隨著 Tesla 在中國大量生產電動車，相關的供應鏈漸趨成熟，成為小米開拓電動車的時機，其股價隨即上升12%，至每股32.3港元，接近新高，雷軍透過他在2015/16年創立的順為資本投資於蔚來（NIO.US）及小鵬（XPEV.US），2019年亦與平治合作，推動旗下虛擬語音助手小愛同學進入汽車人機交互系統。

暫時小米尚未受到反壟斷影響，應可保持增長，股價升幅可期。

5.6

騰訊王國
不斷投資及收成

騰訊（0700.HK）旗下Wechat發展非常成熟，對客戶黏性也頗大，猶如Facebook（FB.US）利用平台及客戶群發展許多業務，包括遊戲、廣告、小商店、支付、銷售不同類型產品／服務等，其他新貴如Tik Tok、快手（1024.HK）等依靠騰訊Wechat；2021年初短視頻平台快手上市，股價曾飛升3倍，可見騰訊旗下投資的企業再次開展另一輪上市浪潮，值得期待。

騰訊早已晉身國際科技巨企，投資全球各行各業，從金融、銀行、醫藥、娛樂、超市、企業價值（EV）……等星羅棋布。

騰訊手遊前景亮麗

調查機構Sensor Tower數據顯示，2020年第4季騰訊手遊收入仍然強勁增長45%，雖然稍為遜於第3季增長之61%，因騰訊在2019年第4季併入Supercell報表而導致高基數。另外，騰訊收到「牛市大禮」，旗艦手

遊「英雄聯盟」獲發版號，勢將大大增強其國內遊戲產品組合，參考「使命召喚手遊（Call of Duty Mobile）」，預料「英雄聯盟」需於數月內完成測試，並於2021年暑假前推出「英雄聯盟」為知名IP（知識版權），且擁有龐大的玩家群，手遊版有助吸引大量玩家及推進商業化。

該遊戲推出僅八個月，下載量超越騰訊投資的Epic Games旗下遊戲《Fortnite》及騰訊推出的《PUBG Mobile》，這兩個遊戲全球下載量分別為7,800萬次及2.36億次；營收方面，《Call of Duty Mobile》全球營收累計接近3.27億美元，較《PUBG Mobile》多78%。

此外，騰訊與任天堂（7974.JP）攜手合作，推出免費多人線上戰鬥競技場遊戲「Pokemon Unite」，與騰訊旗艦遊戲「王者榮耀」玩法相似，將支援手機平台及Nintendo Switch連線對戰，人們可利用手機下載日本動漫及日本IP包括《從前有座靈劍山》，《妖怪名單之前世今生》、《小森生活》、《街霸：對決》等，亦具亮點。

海南省亦與騰訊合作舉辦一系列數碼文創活動，包括全球電競領袖峰會暨騰訊電競年度發布會，探索海南「文創＋旅遊」的融合新模式；海南省官員表示將與騰訊電競發展「海南國際電競港」，為電競選手提供專業先進及全面的發展環境。

騰訊獲官方銳意推展電競產業之助，勢將進一步鞏固中國電競行業龍頭地位，也可藉強勁的網遊渠道鞏固行業領導地位，推動多元化遊戲組合及成為智能手機遊戲強者。

金融科技發展亮麗

除遊戲外，各位宜留意騰訊旗下金融科技業務，包括微信支付（Wechat Pay）、財付通（Tenpay）等估值是否被低估；騰訊的支付業務及雲計算等利用金融科技及企業服務，在2020年上半年收入為563.3億元人民幣，低於支付寶收入725億元人民幣。

騰訊利用其社交軟件平台微信的壟斷地位及擁有極龐大基數，截至2020年6月底，微信及Wechat合併活躍用戶達12.06億，按年增6.5%，未來可透過微信的新生態系統，尤其是微信支付及小程序增加流量變現，從而提高長期收入轉化率，若騰訊能把此極龐大用戶基數轉化為金融業務客戶群，將有助保持相關收入高增長。

「小程序」高速增長

逾1億微信用戶通過小程序旗下超市及百貨店購物，3億用戶線上購買生鮮食品，根據2020年小程序經營數據，其年均日活躍用戶（DAU）突破4億，企業微信的企業用戶量也逾550萬，每日在朋友圈發布影片的用戶數量約1億，上述數據顯示2020年底騰訊旗下「微信小商店」即將推出用戶可透過直播及賣貨程式，除與抖音直接正面競爭外，此程式同時降低商戶在系統上開設商店的門檻，利好騰訊市佔率。

微信小程序團隊正在內測「小商店」功能，根據微信小商店介紹，此屬於無需開發、一鍵開通即可自主經營的賣貨小程序，用戶在開通小店後可直接在小程序裡進行直播和賣貨，預計於2021年春節後便可看到效果。

小程序業務規模突飛猛進，2020年累計交易額（GMV）增長逾100%，達到1.6萬億至1.8萬億元人民幣，相當於2020年拼多多（PDD.US）的GMV，當中尤以快速消費品GMV增幅最高，達490%。服飾則上升216%，超市、社區小店、鮮貨等零售渠道上漲254%，商戶自營店舖GMV也錄得255%增幅。

微信生態系統加入更多元素

小程序已成為國內市民日常生活的其中一部份，包括政府服務、健康碼、行程記錄卡、繳稅及社保供款等，目前健康碼服務逾8億人，直播

功能可用於家庭視像團聚，視頻作為「內容圖書館」，將成為微信生態系統的重要元素，猶如小程序、朋友圈、公眾號般。

截至2020年第4季度，騰訊小程序每日活躍用戶已逾4億，相信推出微信小商店必可增加於騰訊生態系統開店的吸引力，小程序商業影響力持續擴大，騰訊重視用戶接觸和功能多於變現，2021年小程序變現力度有限亦可接受，須知市場根本沒有期望該業務對盈利有所貢獻，未來卻有機會成為騰訊股價其中一個上升引擎（Engine）。

但由於直播電商含有高轉化率特質，電商平台均紛紛投放大量資源催谷，傳統貨架式電商被內容電商切割市場份額。騰訊憑藉平台流量吸引小商戶加入，並利用小程序降低小商戶的入場門檻，有望吸收更多市場份額。

微醫可受惠內地醫療改革

在新冠疫情影響下，預料國內政府推出不同措施支持線上醫療諮詢，中國目前線上銷售藥物的滲透率僅6%、線上醫療諮詢滲透率僅7%，發展空間廣闊，料至2025年線上銷售藥物及線上醫療諮詢的滲透率可分別提升至15%及23%。

據網上新聞報道，騰訊旗下微醫在新冠疫情爆發前已指出中國線上醫療板塊應可受惠於國內對醫療系統的結構性改革，於剛開業時為客戶提供網上平台及為他們預約線下醫療諮詢服務，從而節省時間，時至今日，微醫已陸續把業務擴展至網上跟進諮詢等，與平安好醫生（1833.HK）、

京東健康（6618.HK）及阿里健康（0241.HK）等相同，均獲得龐大母企支持及協助競爭，應可取得一定的市佔率。

中國擁有龐大的醫療保健市場，加上微醫提供的服務具有價值，雲端、智能、終端體系發展愈益成熟，並持續推動以技術為驅動的醫療、保險、醫藥生態建設，若微醫日後順利上市，顯然潛力無限，騰訊的內在價值亦隨之水漲船高。

騰訊業務愈趨多元化，近年積極投資多個科網初創項目，現時網上平台發展勢不可擋，並踏入收成期。2021年疫情呈現第四波爆發的風險，也驅使資金流入受惠股份，尤其是騰訊等新經濟股份，即使推出疫苗減緩新冠疫情，預料繼續加速數碼轉型，小程序、智慧零售、企業微信、視頻號等可望成為未來微信業務增長動力。

騰訊等巨型新經濟股的風險

國內互聯網市場競爭近年來非常激烈，一如美國因科技巨企及新經濟企業體積愈來愈龐大，跨行業、跨界別的闊度及深度發展，令不少平台佔市場主導地位有所下降及市佔率流失，按圖表5.61「內地網購市佔率分布」所示，阿里巴巴（9988.HK）市場份額從2014年76%逐漸遞減至2020年只佔59%（預計），與此同時，其他競爭對手如京東（JD.US）市佔率卻逐漸遞增，從2014年12%上升至2020年20%（預計）；按圖表5.62「內地外賣平台市佔率分布」所示，各大外賣平台勢均力敵。

市場估計政府政策將加快影響各大科技企業的市佔率，勢將打擊龍頭電商如阿里巴巴、京東、拼多多（PDD.US）、美團（3690.HK）、餓了麼等利用低於成本銷售、行政或拒絕交易等方式壟斷或不公平價格行為。

圖表5.61 內地網購市佔率分布

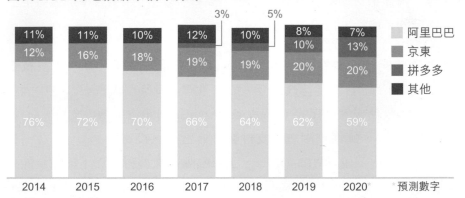

資料來源：大摩報告

圖表5.62 內地外賣平台市佔率分布

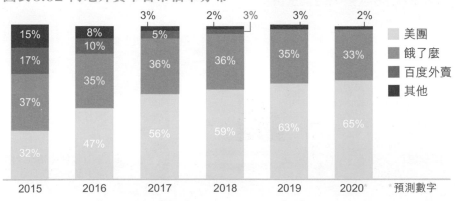

資料來源：大摩報告

相信這些政策必然影響騰訊旗下業務，幸而騰訊不像阿里巴巴馬雲般進取，也不會仿傚馬雲2020年10月下旬發表極惹火言論，相關影響對騰訊業務應較輕，尤其是騰訊旗下社交平台的競爭不太大，但其他業務眾多，包括騰訊音樂、視頻、閱文（0772.HK），相信反壟斷指控對其影響有限，騰訊卻被懷疑濫用跨平台用戶數據，或阻止競爭對手進入微信生態系統的可能性，投資者必須小心留意。

前美國總統特朗普在2021年1月19日卸任前仍繼續封殺中國科技企業，更於1月5日簽署行政命令，禁止美國企業及個人參與八款中國企業開發的軟件或應用程式（App）交易，包括騰訊旗下微信支付、QQ錢包、騰訊QQ，螞蟻集團旗下支付寶、阿里巴巴投資的VMate、金山軟件（3888.HK）旗下WPS Office、上海臨暾冠數據科技旗下掃描全能王（CamScanner）及北京眾聯極享科技旗下茄子快傳（SHAREEIT），致力壓制這些軟件對美國人私隱及安全所帶來的威脅。

圖表5.63 8款被美國禁止由中國企業開發的軟件或App

騰訊旗下微信支付

騰訊旗下QQ錢包

騰訊QQ

螞蟻集團旗下支付寶

阿里巴巴投資的VMate

金山軟件（3888.HK）旗下WPS Office

上海臨冠數據科技旗下掃描全能王（CamScanner）

北京眾聯極享科技旗下茄子快傳（SHAREEIT）

此草案禁令與2020年美國商務部針對微信及Tik Tok的禁令相似,未來推出愈來愈多類似禁令,且看新任總統拜登處理方法,或許他與特朗普南轅北轍,即維持現有制裁及打壓中國的方向,日後會否面臨類似的法律挑戰,或甚至獲得平反及勝數。

競爭對手Tik Tok 冒起

面對Tik Tok及抖音等強勁競爭,騰訊必須強化業務反擊近期急速增長的字節跳動,除因特朗普逼令Tik Tok出售而聲名大噪外,按研究機構Sensor Tower數據顯示,2020年抖音及海外Tik Tok在全球App Store及Google Play吸金近1.28億美元,為其去年同期3.8倍,再次成為全球移動應用(非遊戲)收入榜冠軍,緊隨其後為Piccoma、Youtube、Tinder及騰訊視頻等。

近期Tik Tok更與騰訊投資20%股權的環球音樂集團合作,Tik Tok用戶可使用環球音樂旗下歌曲、作曲及歌詞,作品製作及剪輯短片內容,相關曲詞作者及歌手可以從中獲得報酬,將為Tik Tok用戶帶來新體驗和新功能。

近年Tik Tok不斷推出「音樂作品大熱」,環球音樂等唱片公司便可透過AI分析得知流行音樂趨勢,有助成功推出產品;Tik Tok也更積極地與索尼音樂(Sony Music)、華納音樂(Warner Music)及音樂版權公司Merlin合作。

除抖音及 Tik Tok 外，現正急速增長的字節跳動已進軍遊戲、廣告、直播及社交媒體等商業領域，成為騰訊最大競爭對手，逼使騰訊增強業務及親身應戰，加強及協助新投資的800多家企業改善營運，藉以防範字節跳動新攻勢，協調和減少旗下公司互相競爭。

以騰訊收購及開發休閒遊戲為例，從過去每年10多家逐漸增加至2020年30多家遊戲公司，旨在阻止字節跳動等應用程式把用戶流量引導至新業務，避免與騰訊遊戲業務直接競爭，一如騰訊過去利用微信等社交平台進行的方式。

2019/2020年度字節跳動躍升為中國第二大數碼廣告商，超越騰訊、百度，只僅次於阿里巴巴，雖然字節跳動於2012年成立，卻已成為一家產量眾多的 App 工廠和多服務供應商，並已取代阿里巴巴及百度等老對手，亦成為騰訊最大競爭對手，最近雙方更展開法律訴訟，如字節跳動控告騰訊抄襲抖音，騰訊則控告抖音非法取得客戶資料，預期雙方將引發更多法律訴訟。

5.7
微盟
SaaS 業務強勁

Weimob 微盟

微盟集團（2013.HK）的 SaaS 產品和精準營銷業務均取得突破進展。在 SaaS 產品方面，集團的商業雲產品圍繞社交電商、智慧零售、智慧餐飲、智慧酒店、本地生活等多個垂直行業布局，提供完整的一站式解決方案。

「小程序」功能不斷升級

在社交電商板塊，受益於微信小程序現已為微信用戶及企業廣泛接受，集團的微商城產品以小程序為核心，功能不斷升級，付費商戶數和收入都取得了穩健的增長。微盟上線了分銷市場和直播小程序，為企業搭建分銷網絡和直播賣貨平台，解決商家缺貨和缺流量的難題，擴大銷售通路。微盟還在與更多的小程序平台洽談合作，拓展商家的銷售渠道。微盟推出了直客推，與其精準營銷業務深度連接，縮短了電商廣告商創建交易的路徑，使商家可以通過廣告投放快速銷售，打造電商引流到交易的生態循環。

2020年上半財年，微盟錄得會計收入9.6億元人民幣，增長46%。剔除停機事件影響收入為10.5億元人民幣增長60%。經調整淨利潤錄入得5,230萬元人民幣，每年增長77%。受停機事件影響微盟收入減少近1億元人民幣。

剔除停機事件影響，微盟SaaS業務錄得收入3.05億元人民幣，遞增增長39%。截止6月30日的商戶數為8.8萬，逐年增長26.4%，流失減少10.6%。ARPU增長10%。智慧零售和智慧餐飲開始起步。智慧零售品牌商戶數為2,260家，貢獻收入增長700%，達到4,606萬元。智慧餐飲業務商戶數6,532家，貢獻收入22.12億美元，每年增長70%。餐飲業務增速較零售低的原因在於上半年疫情，餐飲商戶在預算和開店時間上均受到影響。

筆者認為SaaS業務的表現符合預測，目前小程序整體賽道仍處於早期，小程序為國內一私域流量平台，預期來自小程序的整體GMV能夠佔電商市場約20%。

微盟廣告業務錄得46億元人民幣，較去年同期增長157%，此源於廣告商數量增長34%至2.6萬，平均支出為1,770萬元人民幣，每年增長92%。平均支出的增長整合其廣告業務精準的匹配能力，廣告商受良好ROI的吸引提高收益。廣告業務主要結合SaaS的能力而獲取商家需求和消費者，其良好表現也體現於SaaS業務、消費者和商家數據的綜合能力。

智能零售業務料倍增

預計智能零售業務在2021年有機會翻倍增長,其中大客戶(Key Account)收入貢獻達30%,未來佔比更可能提升至50%,皆因所有大客戶已續約,收入有所保證及可見性,瑞銀估計2022-2024年SaaS的ARPPU將提高3%-8%及收入上升1%-8%。

微盟增加滲透智能零售和智能餐飲,加上經營重心逐步轉往大客戶,對實現保持收入高增長充滿信心,與小商戶相比,大客戶損耗率較低,客戶們的生命周期價值對獲客成本(LTV/CAC)比率更高,估計市場份額約為300-400億元人民幣。

2020年微盟股價升幅耀眼,其盈利追上股價需時,預料未來重拾升軌。

5.8
阿里巴巴王國
調整再起飛

阿里巴巴（9988.HK）核心業務繁多，其核心商業業務旗下的中國零售商業業務，包括淘寶網、天貓等其他伸延至不同產品或地區品牌，跨境、全球零售商業、批發商業（如菜鳥網絡等）及本地生活服務等等。截至2020年12月底，阿里巴巴公布其第三季度收入如下：

圖表5.81 阿里巴巴第三季度收入

業務項目	收入 （億元人民幣）	同比	經調整EBITA （億元人民幣）	同比
核心業務	1,955.41	+38.2%	606.37	+14.7%
雲計算	166	+50.3	0.24	虧轉盈
數字媒體及娛樂	80.79	+0.6%	-19.92	擴大
創新業務及其他	13.49	-0.95%	-20.27	擴大
合併業務	2210.84	+36.9%	612.53	+20.9%

阿里巴巴純利為794.27億元人民幣，上升51.8%，非通用會計準則計算下，純利上升27.3%，至592.07億元人民幣；經調整EBITA按年上升22.4%，至683.8億元人民幣，各項業務表現均超越預期，但螞蟻集團重啟上市尚未露端倪，監管壓力仍未解決。

阿里巴巴同時投資於不同範疇，如在速遞行業中，目前中國共有六大速遞龍頭企業，阿里收購其中五家，除收購第三大速遞圓通速遞（滬600233）外，還包括韻達（深002120）、申通（深0024683）、百世（BEST.US）和中通（ZTO.US）。

天貓2020年發布2億款新產品

據阿里巴巴公布天貓首次發行的新產品達2億款，較2019年增加約1倍，2021年將重點發展新產品消費市場。

按天貓公布的數據顯示，其平台約有1,000個品牌達成新產品成交額逾1億元人民幣，天貓官方新產品平台「天貓小黑盒」也發布2021年業務策略，並將圍繞「細分人群」、「拓寬場合」、「專注內容」和「聯動公私域」等推動品牌發展，其內容將深度建設直播模式，建立品牌自播和 HeyLife 官方直播互聯，並啟動「開新家族」計劃，發展專業的新品網紅，進行新品直播和製作新品短視頻等。

螞蟻集團成為未來阿里巴巴另一最大貢獻，其業務主要分為三大方向，成立時的收入主要依靠「數字支付」，隨著多年來不斷發展，現時最大的業務收入來源為數字金融科技平台，截至2020年6月底，共錄得460億元人民幣收入，佔螞蟻集團總收入63%，反而傳統的數字支付與商家服務只錄得260億元人民幣，預期未來收入及經營利潤複合年均增長率分別為21%及26%，2020年底估值約1.6萬億元人民幣，曾欲於A+H股合共集資2,300億港元。

螞蟻告別「野蠻增長」

中國監管機構已不斷收緊管控，其主要對手騰訊（0700.HK）股價因而回落，相關重點如下：

1. 防止新經濟科技企業出現「勝者通吃、大而不能倒」風險；

2. 明確數據權益歸屬，市場盛傳國內監管機構要求騰訊、京東（JD.US）及螞蟻集團等必須與人民銀行或各大銀行分享數據，以防止出現過度借貸和欺詐行為；

3. 重視網絡安全問題，須知網絡風險擴散速度極快速及範圍廣泛，影響非常嚴重；

4. 促進更公平的市場競爭；

5. 加強數據跨境流動的國際協調。

中國各大監管機構進一步向阿里巴巴集團進行反壟斷調查，涉嫌壟斷情況橫跨電商、金融科技、服務等不同領域，尤其是針對其二選一之策略及市佔率逾三分之一，阿里巴巴只容許獨家合作模式，從2015年雙十一促銷活動起，京東已採取二選一策略，即商戶與阿里巴巴合作，便因不與京東合作而訴諸法律，2019年後起之秀拼多多（PDD.US）及唯品會（VIPS.US）等亦介入類似法律戰，騰訊早已投資於這三家企業，這是否騰訊的反擊？

還有螞蟻集團投資於初創亦傳遭調查，恐怕因違反競爭而需要剝離，或可能削弱螞蟻金融科技的影響力，強制撤資影響收益。螞蟻戰略投資集中於數碼支付與商家服務、數碼金融科技平台、創新業務及數字生活服務等企業；由於阿里巴巴持有螞蟻集團33%股權，監管機構要求阿里巴巴成立獨立的金融控股企業，接受與其他傳統金融機構般監管，資本額亦大幅提高至約890億元人民幣。

螞蟻集團投資者包括中國社保基金、國家開發銀行及國有投行中金公司（3908.HK）等，未來或可能加入國有銀行成為螞蟻集團股東，旨在約束馬雲旗下金融帝國急速發展及分享螞蟻集團數據，不會讓阿里巴巴及馬雲獨大，從前螞蟻集團利用支付寶掌握極大量數據，促使合作銀行發放消費貸款和小微企業貸款，螞蟻集團只提供少部份貸款資金，大部份貸款資金則源於銀行，形成銀行承擔信用風險，倘若讓銀行入股，除繼續承擔風險外，也可以分享螞蟻集團所獲得的豐厚利潤，從成本、效益及盈利等角度，日後螞蟻集團再次上市的估值勢將大打折扣。

因應監管　產品下架

內地新經濟巨企不斷抄襲或複製螞蟻集團模式，依靠龐大用戶和巨大流量，內地不少互聯網巨頭企業手機App，近年紛紛「試水溫」開拓金融服務，隨著監管機構進一步規管網上金融，相信未來阿里巴巴及螞蟻集團的成功模式勢難再現。

圖表5.82 內地網上存款產品情況

互聯網公司	網上金融平台	平台上改變	理財產品現況
螞蟻集團	支付寶	去除銀行產品圖禁	剔除
京東集團	京東金融	僅已購買產品用戶可見	剔除
騰訊	騰訊理財通	銀行類選項取消	剔除
百度	度小滿金融	暫無在售產品	剔除
攜程網	攜程金融 App	升級而暫停使用	剔除
360	360你財富	沒有	如常
滴滴	滴滴金融 App	沒有	如常
中發金控、美團點評等七企業	億聯銀行	沒有	如常

資料來源：螞蟻集團等官方通報

截至 2020 年 12 月 18 日

根據內地的報道，2020年10月排名首20手機App，分別為微信、支付寶、騰訊QQ、抖音、愛奇藝、騰訊視頻、百度地圖、新浪微博、京都等，無論屬電商、社交或生活內容類別，達70%設有借貸功能，大部份更涉足民營銀行、保險、基金、融資租賃等金融服務，加上互聯網存款以低門檻、高利率吸引市民大眾，導致這些企業的風險非常高。

阿里巴巴成功拓展較落後地區信用戶，且成績不俗，截至2020年底，旗下中國零售市場移動月活躍用戶數達7.79億，單季增長2,000萬，活躍消費者達9.02億，單季淨增長2,100萬，此源於集團不斷擴大商品供應以滿足多元化需求之策略奏效，故利用淘寶特價版不斷吸引來自較落

後地區的新客戶及消費者，至2020年底，淘寶特價版的月活躍用戶亦突破1億。

兩大主力：天貓及淘寶

天貓實物商品交易額（GMV）按年增長，主要源於快速消費品及家裝類目的迅速增長，消費電子品類按年增長亦加快；淘寶線上實物GMV按年增長強勁，主要源於服飾、家居裝飾及消費電子品類穩健增長，並透過互動方式提升人均消費的參與成功率，推動每一位消費者增加消費，購買頻率及客戶購買驅動亦協助成功消費；淘寶直播強化生態優勢乃最厲害招數，商家愈來愈廣泛地採用淘寶直播，來自直播的GMV持續增長逾100%，如商家自行營運的直播貢獻淘寶直播已付GMV達60%。

由此觀之，天貓及淘寶一直為阿里巴巴創造利潤，容許集團不斷投資新業務，阿里雲更首次實現季度經調整EBITA利潤轉正，此源於互聯網、零售行業和公共部門客戶收入等強勁增長，2020年第4季按年增長50%；若上述不明朗因素解除或已充分反映後，阿里巴巴仍保持穩步增長，股價應因追落後而回升。

5.9
螞蟻集團——
從天堂重返人間

螞蟻集團（ANT GROUP 蚂蚁集团）

螞蟻集團在內地被稱為「十億用戶、百億利潤、千億營收、萬億估值」，風頭一時無兩，旗下業務包括：支付寶、網商銀行、餘額寶、芝麻信用、螞蟻小貸、招財寶、螞蟻聚寶、螞蟻金融雲、螞蟻花唄；其中支付寶2020年上半年收入不斷下滑，從2017年高峰佔比54.9%下跌至35.9%，其他三大數碼金融服務佔比則有所提升，微貸科技、理財科技、保險科技、創新業務及其他業務佔比分別從2017年24.8%、16%、3.5%、0.8%演變至2020年39.4%、15.6%、8.4%、0.8%等；其旗下應用程式（Apps）逾200萬個小程序，包括出行及本地生活服務等。

圖表5.91 螞蟻集團2020年主要業務收入佔比分布

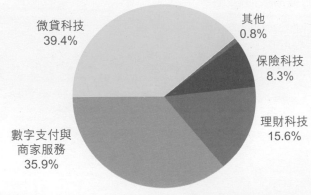

微貸科技 39.4%

其他 0.8%

保險科技 8.3%

理財科技 15.6%

數字支付與商家服務 35.9%

螞蟻業務模式主要向金融機構提供平台服務及收取相關費用，利用自身負債表展開業務及提供擔保，如電子支付業務收入按交易量獲得一定比例分成，向商家及交易平台收取交易費用，亦向銀行轉賬、信用卡還款等消費者收取一定費用，數碼金融透過開放平台為金融機構輸出技術服務獲得收入。

創新數據庫　創新收入來源

螞蟻集團2020年6月8日宣布，將自家研資料庫產品OceanBase獨立，進行公司化運作，成立由螞蟻100%控股的資料庫公司 —— 北京奧星貝斯科技，據悉新公司2020年第4季發布重大升級版本，並一直計劃在未來三年內服務全球超過萬家企業客戶，締造另一巨大創新收入來源。

OceanBase誕生於2010年，「科技是螞蟻集團的基因，也是螞蟻集團重要戰略方向。」屬全球領先的資料庫產品；更被譽為「資料庫領域世界盃」的國際權威TPC-C測試中一戰成名，創造及訂立全球資料庫領域新標準。多年來，OceanBase支撐支付寶、網商銀行等重要業務，並經歷阿里超大規模業務場景、支付寶金融級場景以及「雙十一」等戰役磨練而成大器。

從2017年起，OceanBase對外輸出技術服務，覆蓋金融、交通、鐵路、航天等領域，單獨成立公司，意味著其商業模式逐漸成熟，也提升於螞蟻集團之地位，並成為螞蟻集團另一新增長引擎（Growth Engine）。

把創新技術投放於自身業務中試驗，待成熟後再對外開放，此為螞蟻集團一直以來的策略；此前在金融雲、人工智能、區塊鏈等技術領域，螞蟻採取同一策略向外輸出技術服務。據資料顯示，螞蟻集團目前擁有全球佔比最高的研發人才（63%）和全球數量最多的區塊鏈專利（2,344件）。

「螳螂捕蟬、黃雀在後」，現時中國在反壟斷、公平競爭及「大到不能倒」等情況下，要求螞蟻集團分享其研究成果，螞蟻集團擁有國際級秘密武器——數據分析及數據庫，並與多家國有銀行削弱螞蟻集團獨大的競爭優勢。幸而阿里巴巴（9988.HK）及螞蟻集團屬新經濟企業文化，遠勝傳統的國有銀行，相信仍可捕捉未來科技及新經濟機遇，甚至超越其他舊經濟或轉型的金融機構。

與恒生電子創辦人及總經理彭政綱合照，
恒生電子已被螞蟻集團收購，並為內地金融機構最大服務供應商。

創新科技人才佔投資最大

據招股意向書顯示，募集所得的資金將投資四大方向，包括助力數字經濟升級（佔比30%）、加強全球合作並助力全球可持續發展（佔比10%）、進一步支持創新、科技的投入（佔比40%）、補充流動資金（佔比20%）。

螞蟻集團2020年前三季度實現營業收入1,181.91億元人民幣，同比增長42.56%，主要源於數碼金融科技平台收入增長，實現毛利潤695.49億元人民幣，同比增長74.28%；整體毛利率從2019年同期的48.13%增長至58.84%。

螞蟻集團整體業務快速增長，隨著用戶透過平台使用更多數碼金融服務，帶動相關的收入增長強勁，同時增強運營效率；現時中國積極推行人民幣數碼化，相信螞蟻集團、京東數碼及騰訊（0700.HK）等必然受惠。

「雙十一」一直有利阿里巴巴及螞蟻集團業務，市場更預料螞蟻集團的增長可能超越阿里巴巴，若與阿里巴巴進行交易的話，所有金額必須透過螞蟻集團處理，其地位在阿里巴巴像美元大大提高美國國際地位般。

圖表 5.92 歷年雙十一破百億成交時間

年份	破百億需時	總成交金額（億元人民幣）
2020	無披露	4,982 #
2019	1分36秒	2,684
2018	2分5秒	2,135
2017	3分1秒	1,681
2016	6分58秒	1,207
2015	12分28秒	912
2014	38分28秒	571
2013	5小時49分	350
2012	7小時49分	191
2011	無披露	52
2010	無披露	9.36
2009	無披露	0.50

資料來源：阿里巴巴官網

\# 從 2020 年 11 月 1 日至 12 日凌晨零時

上市馬失前蹄底蘊

螞蟻集團IPO突然煞停旋即影響全球投資市場，包括外界對中國新經濟的看法等，當然眾多興論均認為馬雲演講惹火，立即引來官方傳媒就中國金融及監管作出強烈回應，畢竟監管環境出現變化乃重大事項，此亦可能導致螞蟻集團未能符合上市條件或訊息披露之要求。

人民銀行、銀保監發布之「網路小額貸款業務管理暫行辦法」乃徵求意見稿，相信早已備妥，但為何待2020年11月2日螞蟻金服IPO前才推出？或許國內監管機構領導層均順應內地各大銀行及金融機構的領導們提示，他們認為螞蟻集團能迅速地增長及管理頗為龐大的資產金額源於其利用監管套戲之優勢，既不需在經濟走弱時讓利、低資本需求及較少限制，風險控制等要求也迴異，才發展成為全球金融巨無霸，同時引發不少問題。

造訪螞蟻集團總部。

華爾街日報揭露不少紅二代位列投資頂層及秘密地投資於螞蟻集團IPO，盛傳包括江澤民孫兒江志成及賈慶林女婿李伯潭控制的企業，分別透過博裕資本（Boyu Captial）及北京昭德投資集團（Beijing Zhaode Investment Group）進行，其中江志成在2012年協助馬雲成功洽談收購雅虎持有的阿里巴巴一半股份，當時博裕領導的財團取得阿里巴巴5%股份，價值不菲。

若日後螞蟻集團真的成功再次申請上市，國家一小部份富人賺取巨額財富，勢必加劇貧富懸殊，不但削弱中國滅貧措施，螞蟻集團大部份風險亦已轉移至國家。

行得穩才走得遠

中國銀保監主席在2020年底新加坡金融科技節發表講話指出，少數科技企業在小額支付市場佔據主導地位，涉及廣大利益，部份更涉及金融和科技領域跨界混經營，出現新型「大而不能倒」風險，他認為各界必須關注這些機構風險的複雜性及外溢性，盡量及時拆掉和消除系統性風險隱患。

相信經過螞蟻集團事件後，展現整頓金融科技的監管要求，預料未來發展更穩妥，為阿里巴巴、騰訊、京東及美團等發展提供新指引，擴闊日後發展空間，卻提高發展成本及稍為減緩發展速度，如小貸公司的出資比例、融資上限及跨省營業受限制等。

Chapter 06

培養新時代投資觸覺

6.1
充滿好奇
發掘機會

過去電子遊戲機曾大行其道，大部份源於日本任天堂（Nintendo），隨著手機普及化和取代部份手提電腦功能，足見任天堂的電子遊戲產品早已十分過時，如今任何人隨時隨地利用手機內遊戲程式（Apps）消閒，雖然任天堂擁有大量遊戲IP，但需與騰訊合作才可發展手機遊戲，令任天堂遊戲業務起死回生，其股價在2020年上升49.72%，單單以遊戲為一項產業已帶來龐大商機，故各位必須保持對各項事物產生好奇心，或許從中發掘事業及投資機遇，遊戲業務更必以科技龍頭——騰訊（0700.HK）為首。

從2020年首季度起，騰訊遊戲業務收入出現較大增長，已渡過2018年國內監管機構收緊批核遊戲及減緩審批步伐，當時唯恐太多民眾，尤其是年輕人因沉迷遊戲而荒廢學業、工作或家庭，令騰訊股價下挫至每股286元，但國內監管機構從2019年起恢復正常審批進度。

至2020年11月，騰訊次季度財報顯示其總營收1,254.47億元人民幣，按年增長29%，且超越市場預估的1,124.4億元人民幣，純利按年上升3.2%，至323億元人民幣。亮眼的財報主要源於遊戲業務，騰訊第三季

度網絡遊戲業務收入4,142億元人民幣，按年增長45%，佔總營收比例超過33%，主要源於「和平精英」及「王者榮耀」等在海內外手遊收入增長，第三季手遊收入為392億元人民幣，按年增加61%，延續首二季強勁增長，連續3季錄得逾60%增長，電腦遊戲僅只微增1.1%。

此外，近期市場關注騰訊的下一步拓展遊戲市場的戰略，提出將中國兩大遊戲直播平台斗魚和虎牙進行合併的建議。從新公布的業績來看，虎牙二季度營收27億元人民幣，按年增長34%，斗魚二季度營收25.1億元人民幣，按年增長34%，不難看出騰訊對遊戲產業的布局和戰略考量的看重。

遊戲產業相關ETF大行其道

根據市場調研機構DFC公布的最新全球遊戲玩家細分市場報告數據顯示，全球遊戲玩家人口已經超過30億。手機遊戲市場是增長速度最快的部分，30億玩家當中近半都只用智能手機玩遊戲。根據Newzoo數據顯示，2019年全球遊戲市場規模約為1,521億美元，2015-2019年複合增長率達到13.4%；2020年人們的社交活動因新冠疫情而大幅改變，全球遊戲市場規模增加至1,749億美元，較2019年增加19.6%。

現時移動互聯網應用範圍增加、智慧設備普及化和使用者習慣轉變，移動遊戲已經成為全球遊戲市場上規模最大、增長最快的部分，中國及美國市佔率分別為48%及26%，合共逾70%全球市佔率；預計2021年全球遊戲市場增長至1,893億美元，至2023年將突破2,000億美元。

遊戲產業的興起也引發投資者的關注，市場中流動和曝光率較高的ETF有Global X Video Games & Esports ETF（HERO）、ETFMG Video Game Tech ETF（GAMR）、Roundhill BITKRAFT Esports & Digital Entertainment ETF（NERD）、VanEck Vectors Video Gaming & Esports ETF（ESPO）。以HERO為例，HERO是投資開發或發行視頻遊戲的ETF，基礎指數包含來自9個國家／地區共38隻股票，大部分是視頻遊戲發行商。

遊戲產業不容忽視

從HERO十大持倉來看，如佔第2位8.04%、來自東南亞的電商公司Sea Limited（SE.US），其業務主要覆蓋遊戲、電商等，其2019年1月的股價最低點時為10.68美元，至2021年1月29日，其收盤價已經高達216.7美元，意味著在24個月裡這家公司股價上漲逾20倍。

在它的三塊主營業務中，數字娛樂業務也就是遊戲業務，不僅是最早發展的，也是最大的營收來源，同時是唯一盈利板塊。2020年第3季財報顯示，Sea遊戲業務收入高達5.69億美元，增長72.9%，佔總收入50%，利潤高達10億美元；電子商務及其他服務同比增長113.1%，至4.895億美元；商品銷售收入同比上升199.3%，至1.537億美元，預料第4季數字娛樂收入逾31億美元，增長75.4%。

除了Sea之外，動視暴雪（ATVI.US）也是市場中表現較為突出的遊戲公司之一，二季度收益為19.54億美元，按年增長52.42%，淨利潤為6.04

億美元，按年上升196.08%，營收主要來自《使命召喚16》和《使命召喚：戰區》。另外，諸如網易（9999.HK），EA（EA.US），Zynga（ZNGA.US）等都是以遊戲聞名的企業且，也包含在HERO的持倉內。遊戲產業不斷崛起，當中仍有不少尚未被完全發掘的遊戲板塊，有待發光發熱。

其他在港上市的遊戲股包括：

1. 中手游（0302.HK）在IPO招股時曾上升至每股逾4元；

2. 網龍（0777.HK）在2020年11月底於每股17元低位；

3. IGG（0799.HK）投資前景較網龍穩定，宜留意；

4. 雷蛇（1337.HK）在2020年第4季有所突破，其雙引擎 —— 遊戲設備及科技金融因人們在新冠疫情在家工作／學習，生活模式大幅改變，並添購電腦及相關設備等，據IDC 2020年第3季估計，其業務按年增長14.6%，雷蛇以電競產品為主及致力塑造其品牌，在亞馬遜的Prime Day銷售出色，尤其是遊戲滑鼠，在首10名佔據8席位置，其他產品則佔5席，未來加入支付服務；

5. 至於雷蛇的美國同業羅技（LOGI.US），在2020年10月底公布其次季度業績，收入增長75%，淨利潤按年上升2.6倍，至2.67億美元，其產品較全面，集中辦公室及供遊戲使用的電腦設備。

預料新冠疫苗推出逐漸紓緩疫情，部份消費者或減少投入電競遊戲，但整體市場規模仍持續增長的趨勢，投資者宜考慮乘調整之機吸納。

DIY 遊戲具增長潛力

免費平台 Roblox 在 2020 年 11 月申請上市，供數以萬計的遊戲發明者參與，不論是否互相認識對方，大家一起玩樂和設計，屬開放型平台，預料未來 5 年此商業模式的遊戲平台前途無限，還可配合不同類型硬件，如手機遊戲程式等。

Roblox 每月用戶超越現有的平台領導者 Minecraft，兩者容許在平台創作新遊戲及出售遊戲，現時 Roblox 共有 700 萬遊戲創作者，2020 年獲利 2.5 億美元，較 2019 年獲利 1.1 億美元上升逾倍，Roblox 分賬 30%，最高收入的創作者每年收入逾 100 萬美元，Roblox 也舉辦其他活動如演唱會等，擴大客戶群及增加黏性。

Roblox 的 IPO 估值達 40 億美元，晉身獨角獸行列，一些保守型投資者卻憂慮其增長會否在新冠疫情後放緩，相信開放型平台必須保持非常強大的生命力，許多新經濟行業均採取此模式，成功例子不勝枚舉，如手機的 Android 作業系統及醫藥股的 CRO 等。

以遊戲為主發展跨行業模式，包括平台或嶄新創作等，亦可藉開放型平台增長，股價和發展應不容易見頂，除非科技再進一步創新，利用不同模式取代，隨著不少新競爭者加入遊戲業務，如 Facebook 利用其 20 多億全球客戶，並逐漸染指遊戲領域，絕不可小覰。

6.2
了解支撐
新經濟股因素

2020年12月初新經濟股京東健康（6618.HK）上市，股價在上市首天大升56%，投資者旋即重拾新經濟股的熱情，阿里健康（0241.HK）股價亦因而受惠。筆者認為新經濟股增長遠遠未見頂，當中包含眾多不同新、舊經濟的基因，儘管各界均認為新經濟股不斷地增長，惟新經濟股始終出現盡頭之日，各位宜從另一角度觀察，究竟何時？何處？何人？哪些因素影響新經濟股？

Tesla（TSLA.US）行政總裁馬斯克在2020年12月1日發給員工的電郵警告：「投資者對未來盈利能力給予我們很大的信任，但如果任何時候，他們的結論是Tesla盈利停止增長的話，Tesla股票便會立即大跌。」因此，我們必須研究Tesla股價大挫的原因及何時出現此情況，各位必須留意新經濟股何時見頂、甚至下跌。

Tesla在美國銷售似乎只是一般而已，反而在北京、內地其他主要城市、香港等銷量不俗。

Tesla開業之初因屬新科技，投資者及消費者頓然產生好感、新鮮感、具耐性，並願意支付訂金購買其產品，但這耐性可維持多久？Tesla產品能否繼續獲得好評？如2020年底Tesla汽車因前懸架安全問題而展開調查其11.5萬輛汽車，在30萬輛量產下是否難以處理品質管理？未來製造更大量及更多型號車輛，會否引發更多問題？若出現汽車質量問題及處理不當，勢將影響Tesla主業，也間接影響Space X營運。

隨著Tesla在2020年12月晉身標普指數，即Tesla在產品、服務、收入、增長、盈利、聲譽等均符合標普指數成份股之要求，並進入標普十大企業之一；是否已達到亢龍無悔及趁好消息出售持貨的地步？投資者及消費者會否繼續支持Tesla？這種慣性及口碑非常重要！

維持上升動力7大因素

究竟新經濟股上升動力主因何在，倘若不同動力逐漸減退，不僅新經濟股股價見頂，也不再持續增長；新經濟股能夠維持上升動力的主因如下：

1. 數據主宰一切，公司何時轉虧為盈，然後盈利穩定地高增長，短中期仍可忍受市佔率、客戶、收入增長等問題，若長期缺乏盈利，投資者的耐性始終有限，股價必然下跌；

2. 顧客對新經濟股提供的產品／服務達到「知、明、喜、行、慣」，形成習慣即代表很有信心，因而不斷使用服務或購買相關產品，繼而

介紹予其他客戶，許多時候顧客變成投資者，若失去信心及未能改善或補救，隨時「成也蕭何、敗也蕭何」；

3. 新經濟股必須保持不斷增長及擴大護城河，更須大幅拋離同行新、舊經濟競爭者，才取得成功優勢，還有天時、地利、人和及資金等，試問缺乏資金和人才的話，如何推動、發展及創新？新經濟企業必須盡力爭取更佳、更快、更亮麗的表現；

4. 政府及其他監管機構取態及政策頗為重要，畢竟「官字兩個口」，故必須配合政府政策、方向或改變等才可發揮更顯著的增長槓桿效果，尤其是新經濟股，以 Uber（UBER.US）為例，若政府以保障現有的出租汽車及司機等權益為重，Uber 便不能在這些國家／地區立足及發展，螞蟻集團上市受挫便是另一例子，監管成本大增及發展速度放緩，估值大幅回落；

5. 當新經濟發展至壟斷局面時，相信政府早晚推出反壟斷、公平競爭等法案，否則企業富可敵國，政府勢必憂慮威脅管治及威信等，這亦為中國及美國等數家最龐大的新經濟企業目前面對之風險，投資者必須密切留意，須知政府的言論或行動可能影響企業未來的業務增長及盈利；

6. 若新經濟股變成舊經濟股，即表示創新已經停頓下來，股價亦從高估值轉趨平淡，發債成本因評級下調而上升，還有更厲害的競爭對手提供更佳、更優質服務／產品；

7. 成功及不斷增長的新經濟企業需要出色的領導者或領導團隊，除了道德水準高，既能居安思危、也能化危為機、帶領企業前進、解決任何難題和困境，順利過渡，繼續增長。

大中小型企風險回報不同

每當投資於新經濟股時，必須分散風險，並宜投資於不同階段發展、不同行業及不同大小的新經濟股，當然這些新經濟企業風險回報各有不同：

1. 小型新經濟企業投資額少，但波動大、基數低，上升空間及幅度也較大；

2. 中型新經濟股投資額較多、波動較少、基數則稍高，上升空間及幅度均不俗；

3. 大型新經濟企業投資額較多，即使波動較少，但基數偏高，上升空間及幅度較溫和。

找到最佳時機及值得投資的新經濟股，大家千萬不要忘卻初心，繼續持有，才可獲得豐碩成果。

由此觀之，投資於科技巨企乃最佳方法之一，它們早已染指不同業務，各位宜從旗下業務中找尋優質企業和行業，屬於未來大趨勢相關或領導企業更佳，因這些企業獲得科技巨企投入資金、政經人脈、網絡、客戶群體、信心、品牌等支援，累積、醞釀及發展起來的話，成功機會大大提升，也降低失敗率，此點非常重要！各位不妨參考下列例子：

1. 京東旗下京東健康上市成為市場熱話，其市值在2020年12月9日飛升至3,502億港元，超越阿里健康市值3,377億港元及平安好醫生（1833.HK）市值1,055億港元；

2. 2020年美團（3690.HK）股價累升數倍及晉身藍籌行列，非常成功。

皆因科技巨企大力支持旗下企業發展，協助這些企業虧損情況迅速收窄，甚至扭虧為盈的轉捩點更快出現、盈利繼續高速增長，繼而有機會搖身一變成為另一家科技巨企，不斷加入這生態系統發揮作用；故投資於騰訊（0700.HK）、阿里巴巴（9988.HK）、平保（2318.HK）等及美國標普指數十大科技巨企或將收購、發展哪些企業等，勢將造就更可觀的股價升幅，或甚至倍升的新經濟股。

6.3
價值平均法
仍然適用

筆者為金融科技師學會主席及創辦人，2020年6月初應金融科技企業 — 標保之邀出席研討會及擔任嘉賓，為仍就讀及已畢業的大學生們演講，主題為「如何擁抱金融科技的發展」。

參與的學生非常優秀，大部份來自於本港數家著名學府，他們同時修讀資訊科技、金融工程、經濟，並已計劃於大學的暑假期間分別在金融機構及科技公司實習各兩年，為加入金融科技行業作出充分準備。

若金融科技企業或傳統的金融機構欲成立金融科技部門等，他們志在必得，「須知機會留給有準備的人」。

目前中美為全球科技發展最迅速的兩大國家，香港背靠中國，必須留意中國的科技發展直接影響香港各方面的機遇，中國在2000年科技投資只有100億美元，至2018年已達3,000億美元，18年間上升30倍，佔中國GDP 2.5%；這是歷史數據，未來又如何？

中國未來欲5年投資1.5萬億美元於科技研發，冀望追趕美國晉身全球

領導者地位，內地各大城市的政府包括北京、上海及其他10個城市在2020年上半年大約投資9,350億美元於未來科研方面，這些研發將集中在新型基礎設施領域，一般認為包括5G、特高壓、城際高速鐵路和城際軌道交通、新能源汽車充電樁、大數據中心、人工智能、工業互聯網、物聯網等領域。

各位讀者應細想這新七大領域科研發展對相關產業鏈的影響，未來如何影響我們的日常生活？將產生哪些革新？夢想未來的場景如何？如何把握此機遇？

發掘成為股東或創業機會

香港早已成為國際金融中心，再配合科技發展，合併成為金融科技，進一步鞏固香港的國際金融中心地位，一如袁天凡先生所述，全球只有兩個國際金融中心，分別為香港及倫敦，隨著中國市場日益開放，外資不斷透過香港進軍中國，香港勢將超越倫敦成為全球首席國際金融中心！

香港現有8家虛擬銀行及數家虛擬保險，日後還有虛擬MPF（現稱積金易），但香港缺乏足夠的金融科技人才滿足這些新興虛擬金融機構的需要，一眾金融科技企業求才若渴，不但以高薪厚職吸引人才，亦應設有股權獎勵制度，未來科技迅速發展推動快速增長，從大灣區擴展至一帶一路等，預料企業價值必定水漲船高，若未來上市的話，股價升幅更可觀，預計金融科技從業員收入和增長高於其他行業。

年青人在新經濟行業工作後，非常了解相關的上游、下游企業及競爭者，年青人較多接觸及容易接受新經濟股，隨著他們投身工作後，並漸漸變更為投資於新經濟股時，相信其投資勝算更高，可望達致雙向發展及雙贏，較容易對個股更具獨到看法，締造長線大幅獲利機會；除個人工資外，還有花紅、升職機會、股權及自己個人投資全數投入於新經濟裡，相信較一般人提早累積充足的第一桶金，可以更迅速發展自己感興趣的事業，甚至提早達到財務自由！

另一方面，各位宜加入國際金融科技認證組織，如金融科技師學會（Institute of Financial Technologists of Asia，IFTA）等，取得金融科技師（AFT）及認可金融科技師（Certified Financial Technologist，CFT）認證，透過國際性專業組織可於香港與來自不同行業、卻具有相同專業的人員及精英交流，更可以參加地區性及國際地相關組織，進一步與其他國際專才交流，不斷吸收嶄新的全球專業知識及相關行業發展，還可擴闊視野和建立不同領域的人脈，或可為未來創業物色適當的合作夥伴。

財不入急門　長線釣大魚

新經濟股及科技股的特徵如下：

1. 長期增長：沒有頂位及沒有周期性；

2. 科技創新產生巨大差異化，令現有的市場競爭減少，如美國在 5G、

6G沒有競爭力，中國華為及其他中資電訊公司卻擁有許多5G專利，5G標準已達R16及R17標準，若美國再不參與，即缺席在ITU及3GPP等制作和操作標準，具5G速度才可做到IOT物聯網、無人駕駛電動車等發展，傳統汽車及其他行業等勢將備受影響，工業生產、機場、地鐵等管理及效率亦截然不同；

3. 借助其他力量急速發展：利用目前大學、政府政策及資金、沒有盈利便可上市、同股不同權、新模式及定位、具核心競爭力、短期不易被抄襲、盡快奪得人才及資金，早著先鞭爭取客戶和市場份額等成為領導者，發揮成本效益；

4. 跨越地區和行業：如阿里巴巴（9988.HK）、騰訊（0700.HK）、Facebook（FB.US）從簡單業務發展至其他業務，如流動支付及虛擬銀行等，提供一站式服務，取得客戶各方面大數據為基礎，讓科技巨企非常清楚客戶所需，服務及產品更可尋找適合的客戶，令客戶忠誠度提高。

宜考慮採取下列方法投資科技股及新經濟股：

1. 平均成本法：熊市更佳，只要此行業能翻身，（日股從1990年代至今未能翻身，便不能利用此方法），假設自2000年1月1日起每月投資100美元於科技ETF Invesco QQQ，至2019年6月1日總回報為436.18%；

2. 價值平均法：無懼牛或熊市，不論股價多少，每月定期購入1股，同期回報為306%；

3. 一次性或分開數次透過長期持有：**此方法最簡單，但必須符合三個準則——「看得準、守得住、守得穩」；**

4. 掌握入市時機，尤以藉某些壞消息之機購入更划算。

首兩個方法的投入豐儉由人，但因要紀律而每月平均購入，不需理會市場波動，心情不易受影響，達致「財不入急門，卻能放長線、釣大魚」！

首方法的回報適合上落市及波動市，記得2000年納指高位達5,100點，後於2001年大挫至谷底1,100多點，隨後熊市反彈，至2015年5月才翻身及超越5,100點及確認牛市，平均成本法最適合於前15年走勢，長期有機會於低位購入，故熊市愈長久愈佳，投資者必須守紀律及持之以恆，若能於低位一注購入，獲利空間必較多，能否翻身（返家鄉）極為重要，像納指繼續成為大牛市最佳，否則，如日股從1990年代至今（逾30年）仍與高位38,000點相距甚遙，各位宜分散兩、三項投資，因屬集中及長期投資，必須不斷監控及修正。

相反地，價值平均法最適合於長期牛市及投資於增長股，「不怕買貴、最怕買錯」，鑑於長線不斷看升，納指在過去廿年中，只有近五年屬牛市，故表現反而遜於平均成本法回報約1倍；若未來科技股繼續牛市，相信表現或可能逆轉，各位必須留意，兩種策略各有不同之處，甚至可以靈活地交替運用，視乎股市屬熊或牛市！

6.4
相反理論
提升回報

當2020年第4季美股3大指數不斷創新高、資金紛紛投向股市創新高之時,各位應冷靜地思考,並宜先行鎖定利潤,尤其是新經濟股,其中中港科技股急速回吐,或許螞蟻集團未能上市乃短期股市下跌催化劑之一,必須消除早前因螞蟻集團估值大升而刺激其他新經濟股如阿里巴巴(9988.HK)、美團(3690.HK)及騰訊(0700.HK)等累積升幅,加上不少上市企業如小米(1810.HK)、比亞迪(1211.HK)等趁高位大幅集資,為未來大幅投資奠下基礎,旋即嚇倒許多投資者。

物極必反　候調整而入

小米2020年12月期間透過不斷配股集資,但今次竟高於早前其IPO 295億港元數量,合共311億港元,反觀騰訊等持有不少現金,既無須集資及攤薄現有股東們利益、亦可持續發展下去,相對地優勝;倘若新經濟股集資所得用作未來發展,反映未來增長有所保障及可期,股價因折讓價配股而回吐,或宜伺機或短期壞消息購入。

2020年底歐美股市的好倉已近頂為例，資金流向有機會破紀錄，那時必須考慮物極必反之理，部份投資者於12月份先行止賺離場亦理所當然，持有現金或分散至其他舊經濟股，繼而以現金為2021年部署，讓資金輪動至不同板塊，例如舊經濟如銀行、資源股等在物極必反之情況下展開升浪，如欲提升回報，投資者便可在短期投放資金於新、舊經濟股輪動。

當舊經濟股因大量資金湧入而推動股價上升，新經濟股股價卻可能停滯不前或短暫回調，或為入市良機。

年輕資金鍾愛投資新經濟

筆者嘗試歸納年青新世代投資者的特點：

- 他們擁有強烈的自信心；

- 社會知識較豐富，更多接受良好教育的機會；

- 獨立思考，自行查證是否屬實，尤其是利用互聯網；

- 強烈的擁有慾，故更願意創新、創業；

- 喜歡自行和全天候處理個人投資、理財及銀行事宜，並要求個人化服務；

- 追求優質生活、喜愛旅遊及享受人生，平衡工作、朋友、家人及自己的時間；

- 出資及身體力行支持環保、愛護動物、ESG等主題和活動；

- 雖然他們的收入不低，但淨收入低或負債，或因興趣廣泛及消費支出增多；

- 特別喜愛DIY，習慣於網上學習，參與感興趣的活動；

- 熱衷社交媒體，與KOL互動及製作內容豐富短片，冀望迅速地達到目標；

- 靈活調配工作及投資時間，且不定時和多元化；

- 一般沒有家庭負擔，經濟獨立、自主；

- 明白自己規劃理財的重要性，嘗試透過投資增值，並且擁抱他們相信的新經濟；

- 資產較豐厚，不少繼承父母或長輩的資產。或自己盡快投資賺取第一桶金

除低息及資金氾濫外，美股不斷破頂部份或因年輕、進取型投資者蜂擁而至，帶來新資金，包括：

1. 眾多年輕投資者為重要元素之一，如很多90後投資者積極入市，他們不但未曾親身經歷大股災、也沒有心理包袱，他們面對調整的恐慌情緒自然比不上具經驗之投資者，卻不懼調整，更喜歡趁低吸納。

2. 國內資金（北水）也是導致個別股份波幅較大的因素之一，北水於2020年11月30日、12月1日及12月2日淨流入港股分別為49.97

億、49.12億及43.92億港元，許多內地年輕投資者同樣未曾嘗到損失過半的慘痛教訓，監管機構擔當「保護傘」角色亦習以為常，故他們雄心勃勃，並藉調整之機爭相購入，若北水態度仍繼續保持樂觀，或能帶動港股氣氛轉佳，否則堪虞！

3. 新經濟趨勢備受年輕人認同，這些被稱為「羅賓漢」的美國年輕及散戶投資者增幅逾倍，從2020年初500萬增加至目前1,300萬，他們全心全意投入新經濟及科技股懷抱，並對未來乃5G（甚至6G）世代及充滿信心，往往伺調整之機增加投資，人工智能、智慧城市、大數據、雲端、網絡安全、晶片、宅經濟、電動汽車、無人駕駛、網上會議及溝通等服務及產品天下，種類繁多，且目不暇給，逐漸演化為不可或缺的生活必需品，況且美國散戶投資者大多貪婪與恐懼（Greed & Fear），唯恐錯過目前及將來科技大趨勢（FOMO：Fear of Missing out）！個人投資者的回報已改變整體的市場特徵。

4. 許多美國人因爆發疫情而申領救濟金，既然他們呆在家中，倒不如在股海暢泳，消磨時間與賺錢同時兼得，刺激新經濟及科技股升勢，倘若納指回調，他們隨即蠢蠢欲動，美股曾在2020年3月踏入熊市，隨後迅速反彈，至12月1日，道指、標普及納指分別上升63.7%、67%及86%，推動3大指數屢創新高，在短短9個月內扭轉乾坤、從熊轉牛，更令年青人深信股市下挫只為短期調整及板塊輪動而已，牛市已來臨；若拜登真的派發每位美國人1,400美元及早前已特別批准派發的600美元，相信許多美國人將於2021年首季利用這2,000美元進軍股海，刺激美股再嘗試高位。

新冠疫情在2020年冬季肆虐下，人們呆在家裡渡過非一般聖誕及新年假期，更多人在家工作（WFH），進而投身股海，配合金融科技發展，許多平台已不收取交易費，刺激成交量大增。

現時市充斥大量個人投資者，他們在許多方面均優於專業人士，市場應開始認真對待他們；預計年青人日後繼承父母或長輩資產，如房地產等，即使他們收入看似較少，但其資產豐厚，日後年青人繼承所得或累積資產愈來愈多，大多投資於他們喜愛的新經濟股，相信新經濟股中長期走俏，故宜利用相反理論乘短期全球調整之機購入，尤以國內科技巨企備受反壟斷及公平交易等監管，新經濟巨企股價因而出現較深調整，或為購入良機。

6.5
增長股也要
適時止賺

2020年第四季美股不斷創新高的原因非常簡單,曾因預期美國出現分裂國會,結果在2021年初美國總統大選交接終於順利過渡,加上歐美共有三組疫苗似乎成功在望,包括輝瑞(PFE.US)、Moderna(MRNA.US)及阿斯利康(AZN.LN),即中、短期不明朗因素消除;拜登接任後,投資者相信他較特朗普更嚴謹、更有效地應付新冠肺炎,如口罩令等,應可大大紓緩民眾對新冠肺炎之恐慌性,投資者心理上亦已逐漸習慣新冠肺炎引發的影響。

市場認為2021年全球包括中國經濟大幅反彈,畢竟2020年基數較低,故投資者蜂擁至舊經濟懷抱,尤其是百業之母——銀行股,如滙豐控股(0005.HK)從低位每股27.5元反彈至42.35元,升幅達54%,可見舊經濟跌幅愈深、愈有機會出現報復式反彈,另一方面,抑或應藉機減持舊經濟股?

套現獲利後再伺機買入

新經濟股方面，個別股份如Tesla（TSLA.US）曾被估計於2020年第三季加入標普500指數，並於8月30日拆細後拾級上升，至每股500美元，如投資者真的在每股500美元減持部份持貨，並預期股價回落至400美元可再次購入，後來Tesla股價果然因未能晉身標普而回落至380美元，把早前套現所得的資金再於低位約400美元購入更多股份，當其股價更上升至每股574美元（截至11月25日），累升逾40%，股份數量及價格一起上升，獲利甚佳，故投資者宜適當地止賺部份持貨，待低位再次購入更佳。

投資者必須注意股價若未能回調目標低位，繼而不能在預期目標價再次購入之風險，反而可能需要高追！2021年初Tesla股價上升至每股900美元，短期獲利豐厚，或可利用相同的資金在波動市況下增加投資，中長線股價及企業前景被看好亦極為重要。

本港科技股方面，恒生科技指數期貨已經推出，新經濟股股價波動性隨之增大，各位亦宜考慮全部或部份止賺，視乎閣下的進取度；倘若機構投資者比例增加，或將有助降低恒生科技指數期貨的波幅，因基金經理或機構投資者利用對沖等形式降低風險和波動。

投資組合　宜新舊配合

在低息環境下，不時出現資金從升勢凌厲的新經濟股流入累跌頗深的舊經濟股，投資者必須兩者兼備，平衡投資組合表現，但挑選股方面，宜尋找新、舊經濟股盈利增長均無上限之企業，若能趁新冠疫情下分辨出哪些舊經濟股在示威及疫情前、後均保持持續性增長，這些股份便屬優質企業，尤其是內循環或屬ESG基金投資目標的企業（如環保等），可趁像2020年經濟欠佳引發低位或調整之機加入組合及長線持有，其他舊經濟股則以周期性股份考慮，或只宜短中期持有。

可留意受惠「內外循環」股份

至於新經濟股，各位也必須精挑細選，因為國內推動內循環及外循環，倘若這些新經濟股屬於配合或推動內、外循環的企業及未來五年國內政策以科技為目標，更有利於盈利增長，除本身屬高增長的新經濟股外，亦可利用政府推動內、外循環的助力，進一步刺激盈利增長及有所保障，故不論新或舊經濟股，皆宜採取「選股不選市」之策略。

2020年底中美歐等諸國先後就反壟斷及公平交易重新評估科技巨企，並要求科技巨企修正，如中國針對科技巨企的「二選一」策略、社區團購提出「九不得」等，投資者宜把中美新經濟龍頭股的投資比例中短期轉往二、三線新經濟股，亦可投入內循環或舊經濟股有機會轉型成為新經濟的企業。

6.6
貪新忘舊
除非舊變新

筆者在2020年8月9日接受無線電視「財經透視」訪問，當時大家非常關心的題目、城中熱話：滙豐控股（0005）是否適合繼續持有？或何低吸納？記者亦曾詢問筆者管理的基金及投資組合是否已全數出售滙控？如是，何解？

猶記得1999、2000年間，筆者已協助客戶投資於美國的科技股基金，當時香港完全沒有高科技股份，甚至曾有名言「High Tech（Hi嘢）、Low Tech（Low嘢）」，但當時筆者對科技認識不深，故不敢貿然作出過量投資，隨著2000年科技股泡沫爆破後，美國納指從高位5,700點大挫至2001年低位1,150點，累跌達85%才見底，因為許多科網股缺乏盈利，僅有科技概念而已，根本不能持續地增長（Sustainability），股價必然從高位大挫、也不能持續地上升，甚至只有極少數科技企業能於這次大爆破後倖存及茁壯成長。

盡快了解新經濟

微軟（MSFT.US）及英特爾（INTC.US）便為當時少數錄得盈利的巨型科

技企業，當時其市盈率分別約80倍及60倍，至2021年2月底，分別為34.52倍及13.18倍，兩者相距甚遙，微軟因發展創新的雲服務而重新晉身新經濟股行列估值和股價與屬舊經濟的科技股英特爾可謂天淵之別！蘋果（AAPL.US）及亞馬遜（AMZN.US）至2021年2月底，分別為32.92倍及74.05倍；亞馬遜及Facebook（FB.US）業績等因受惠新冠肺炎而出現超預期增長，部份更達倍數增長，刺激股價創新高！

筆者在2017年前看到新經濟及科技股不斷擾亂傳統行業，並逐漸擾亂最保守、最穩健、政府監管最嚴謹的金融業，既然科技及新經濟已衝擊筆者從事的金融業，為迅速地深入了解及擁抱金融科技，遂與一位金融界及科技界創辦人於2017年成立「亞洲金融科技師學會」，隨後一位從事科技界副主席加入，吸納金融界、科技界或金融科技等企業為公司會員。

理大電子計算學系金融科技及人工智能理學士學位課程，與亞洲金融科技師學會（IFTA）及金融業界推出實習及師友計劃。

筆者代表IFTA出席理大實習及師友計劃，與同學們分享金融科技前景及專業認證的重要性。

學會旨在提高香港金融科技水平、培養更多國際金融科技人才，考試合格後便可取得「金融科技師（CFT）」認證，組成金融科技圈子，創造金融科技生態系統，協助不同的持份者包括香港各間大學、政府各監管機構金融機構及科技企業等，透過舉辦不同活動如研討會、展覽、創科比賽、午餐會等，把香港金融科技人才匯聚一起及互相交流，培養稀缺的金融科技人才，建立金融科技生態系統，不斷發展，生生相息。

如2019年10月與學會其中一位公司會員和記電訊聯合主辦5G研討會，邀請業界5G專家暢談未來發展和機遇，華為技術企業策略規劃——銀行及金融市場副總裁威廉（比爾）邁克爾·吉諾維斯先生（Mr. Bill Genovese）擔任其中一位講者，令筆者和與會者加深對5G了解，亦進一步認識5G的參與者及行業領先者，獲得第一手5G資訊及對各行各業的影響，有助筆者投資和部署。

IFTA 學生大使(Student Ambassador) 參與首屆亞洲金融科技成就大獎之頒獎典禮。

舊經濟股自然地減持

筆者透過參與這些活動逐漸建立金融科技圈子，藉以向科技界友人請教，冀望為筆者趨吉避凶，筆者早前獲邀參加午餐研討會，講者談論網絡安全的重要性，其演說非常精彩，筆者於演講後向他「請教」不少問題，包括香港及全球哪幾家網絡安全表現最佳！除考慮採用相關網絡安全服務外，筆者亦可跟進及是否值得投資。

經歷多年演進，筆者管理的投資組合或基金不斷增加科技或新經濟股，不少舊經濟股包括銀行股等周期性股份自然地被減持，畢竟資金有限，擁抱對的投資方向後，必須沽售質素欠佳的企業或行業，甚至舊經濟股份，投資組合才可流水不腐，生生不息及繼續獲利，對投資目標必須「看得準、拿得住、守得穩、買得多」才有機會大幅獲利！為財富帶來根本性影響。

至2020年至12月，筆者管理的股票組合因沒有持有銀行股而平均錄得46%回報，信報每周基金人語專欄刊登全球基金模擬組合從1997年2月份成立，至2020年底累升944.47%，平均每年上升10.34%，2020年錄得23.51%回報，可見必須尋找正確的投資方向、行業或股份，並具紀律、貫徹和靈活地調整組合，相信努力始終沒有白費。

Chapter 07
新經濟股的風險

7.1
私隱保護與
反壟斷

過去數年科技的影響力擴大，不斷引發用戶及政府對於數據安全的思考，近年隨著社交媒體、大數據及雲等迅速發展，數據的共享與傳輸更被監管機構關注，各國政府也不斷在隱私保護政策上嘗試突破。

私隱保護政策

目前已經有環球90多個國家和地區對私隱訊息進行相關立法，歐盟是私隱保護政策實踐的領先者，在2017年和2018年相繼實施的的電子通訊領域個人數據處理和隱私保護的指令（ePD）和一般數據保護規範（GDPR），在修訂1995年就已制定的個人資料保護指令基礎上，構成了歐盟訊息保護法律框架的兩大支柱。

尤其是一般數據保護規範（GDPR）的實施可以說是近二十年來在私隱保護領域最嚴格也是最重要的改變，不僅涵蓋範圍廣泛，更重要的是延伸歐洲資料保護法的領域至所有涉及處理歐盟居民的境外公司，這意味著

幾乎所有跨國公司都會受此影響。而實際上，歐盟也在實施後不久就開出了針對美國科技巨擘的一張巨額罰單。

2020年7月，歐盟最高法院還推翻了一項原本允許美國企業將在歐洲的數據傳回美國的法律機制。這一判決將影響跨國公司業務運營。在歐盟二十多年來的隱私規範框架下，企業不得將歐盟居民的個人資訊傳輸至不能提供與歐盟基本相同的私隱保護的其他地方，因此多年前美國企業可採用在美國與歐盟協議下的「安全港」方式將運營數據傳輸回美國，但「安全港」在斯諾登事件後不久被廢除，美國和歐盟迅速地又達成「隱私盾」的替代協議，歐盟法院在2020年裁決這一安排不再適用。

在全球科技行業的競爭愈發激烈，美國科技企業不斷蠶食歐洲企業的市場份額的情況下，尤其是美國科技公司的公有雲服務幾乎佔據整個歐洲市場，歐盟在隱私保護政策及實施上可能會採用更加激進的態度及方式。德國、法國正在主導一項歐洲國家的Gaia-X的聯合雲計劃，連接100多家企業和研究機構雲服務的平台，目的是長久的降低對美國雲服務企業的技術依賴。

相比之下，雖然美國更早建立私隱保護，在1974年美國聯邦就制定了「私隱法」，並在這一法律前提下不斷立法，近年重大改變包括在2012年的「消費者私隱權利法案」和2015年的「網路安全資訊共用法」。

與歐盟不太一樣的是，美國的監管與立法通常在不同行業中劃分，金融、消費者保護、電信、醫療及娛樂等制定各不相同的細則，各州也會根據情況相應自行立法，例如近期最為受到關注的「加州消費者私隱權法案」（CCPA）已於2020年初正式實施。

2019年起，美國立法及監管機構已經開始更加關注這一問題的風險以及外國公司在美國運營的安全問題，未來可能會在行業統一和國家層面採取更為一致及嚴格的措施。2020年新冠肺炎引發的政府與企業、民眾之間的私隱保護的信任問題，也可能進一步影響政府約束未來的轉變方向。

圖表7.11 各國重要隱私條例

國家／地區	法律	實施時間
歐盟	資料保護指令（Data Protection Directive）	1995年
	電子通訊領域個人數據處理和隱私保護的指令（ePD）	2017年1月
	一般數據保護規範（GDPR）	2018年5月
美國	隱私法	1974年
	消費者私隱權利法案	2012年2月
	網絡安全訊息共享法	2015年10月
	加州消費者私隱權法案	2020年1月

人工智能處理極龐大數據後，堪稱所向無敵，馬雲在螞蟻集團上市前之演說時，已說明未來數據主宰一切，包括銀行「真金白銀」進行借貸活動，銀行不應擔典當舖角色。

出售數據分析才是最值錢的業務、卻非數據本身，故數據量必須極龐大、全面和廣泛，分析後可自行使用或出售，出售數據則引發私隱問題，例如在美國上市的Palantir（PLTR.US）利用大數據協助追捕拉登。

反壟斷監管

過去數年，歐盟監管機構對多個科技公司開出高達百億的反壟斷罰款單。美國雖然在反壟斷的學術研究上一直領先，但近些年來放任壟斷及較少監管，這趨勢在2020年底則開始轉變。

不同於近二十年的放鬆監管，美國不僅是最早開始壟斷監管和立法的國家，也是歷史上數次通過強制拆分大企業的極少數國家之一。1890年，俄亥俄州參議院議員、參議院財政委員會主席約翰·謝爾曼提出美國第一個針對壟斷的法律，謝爾曼反托拉斯法，規定美國聯邦政府有責任調查並且起訴有壟斷行為的公司與組織。

就謝爾曼反托拉斯法推出不久，1911年美國最高法院以極高市場份額和掠奪性定價為由，判定標準石油公司為壟斷企業，並拆分為三十多個獨立公司。上個世紀末電訊行業的AT&T（T.US）被強制按照地域劃成7家貝爾系公司，和現在仍然保留的AT&T公司。

但是監管機構對於這兩次拆分事件給出的理由並不相同，標準石油的拆分主要是考慮到壟斷造成的生產效率和品質的提升，壓制了其他小企業的存活空間，AT&T的拆分則因為其壟斷導致企業惰性，並令整個行業缺乏競爭和技術停滯。

此外，歷史上的拆分是以地區為劃分，但明顯不適用於當前全球化運營的科技企業，業務拆分將是可能的最主要方向，但早年的IBM（IBM.US）

和微軟（MSFT.US）反壟斷案都無疾而終，實際上更多的反壟斷案不僅耗費時間、漫長訴訟，最後也未必有結果。

美國司法部在2020年聯合11個州公布了對谷歌提起反壟斷訴訟的計劃細節，理由是谷歌在搜索廣告行業的非法壟斷，這是自微軟反壟斷案二十年以來最大的一次訴訟行動，科技等大企業面臨的大趨勢很可能會是強化監管。

在2020年末，美國眾議院反壟斷小組委員會的民主黨也發布了一份針對四大科技巨擘的449頁的報告，結論是四家科技公司存在「壟斷嫌疑，且通過控制市場准入限制自由競爭，通過收取高昂費用，採用壓制性的合同條款，以及從用戶和企業中提取有價值數據。」

美國國會可以採取的措施包括逼使一些公司業務拆分，修訂反壟斷立法，以及監管機構嚴格審查具有潛在壟斷的併購交易。這增加了未來新立法的可能性，可以說是自1990年代以來最大的一次對於反壟斷權力攻擊的路線圖，有機會成為反壟斷領域的重大轉折點。

圖表 7.12 歷史上重大的反壟斷訴訟案例

時間	被起訴企業	結果	至今仍具影響力的拆分個體
1911年	標準石油	被拆分	埃克森美孚
1969年	IBM	未被拆分	不適用
1984年	AT&T	被拆分	現在的AT&T
1998年	微軟	未被拆分	不適用
2020年	谷歌	不適用	不適用

若美國國會仍屬分裂國會，即民主黨及共和黨分各佔參、眾議院多數議席，一些極端的反壟斷法案亦不容易成事，2021年拜登上場後，民主黨控制眾議院，參議院議席亦佔半，加上副總統一票，形成民主黨控制美國國會，美股仍處於上升軌，幅度則比不上共和黨控制及分裂國會，如下圖所示，美股一般在此情況下表現較佳。

圖表 7.13 分裂國會對股市更有利？

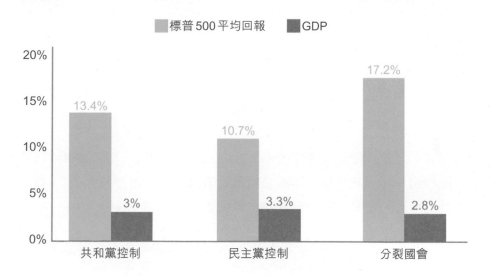

資料來源：彭博；LPL Research

反壟斷及公平競爭法規原意甚佳，不能讓某一、二家企業獨佔市場，必須騰出空間讓中小型創新企業茁壯成長，造福社會及開創嶄新模式，推動社會不斷進步、流轉不息；若缺乏競爭者，非常容易固步自封，從新經濟變成舊經濟、甚至頹敗，這便非常可惜。

7.2
德國 Wirecard 事件
揭示的道德風險

德國最大的電子支付企業——Wirecard（WDI.EU），2020年6月中股價從高位104歐元暴挫至低位不到2歐元，跌幅逾98%！皆因其核數師未能找到負債表內19億歐元現金不翼而飛的原因，或許這金額根本不存在。

據報道，其行政總裁布雷恩（Markus Braun）甫辭職，便因涉嫌會計欺詐及操縱市場而被拘捕，德國金融監管機構強制布雷恩持有的7%股權於低位平倉，股價在急挫後，2020年6月23日反彈20%。

歐洲向為ESG發展最成熟及領先的地區，德國更為歐洲最嚴謹監管及經濟實力最強盛的國家，卻發生如此駭人聽聞事件，其金融管理局總裁Felix Hufeld認為這是徹底的災難及非常可恥。

由此證明每年透過上市企業自行提交ESG報告之監管根本不足，更需要高層次培訓，尤其是高級管理層的道德修養，所謂「上樑不正下樑歪」，Wirecard的行政總裁虛報公司第三方收入及業績、誇大負債表和交易表現等，藉以吸引更多投資者和客戶，實為非常嚴重的道德操守問題！

年青人畢業後投身職場，面對資本主義、金錢及權力等諸多誘惑，非常容易遇上道德操守等挑戰，但別以為「神不知、鬼不覺」。

對各大金融機構及金融科技企業而言，客戶的信任及信心極為重要，尤其是虛擬的金融機構，傳統金融機構擁有實體如物業、分行網絡及龐大的客戶群等，利用看得見的實物增強投資者的信心，現時金融科技盛行，虛擬銀行、虛擬保險、虛擬金融機構等更必須建立客戶對其信心。可見道德操守(Ethics)培訓、ESG及CSR等更不可或缺。

隨著科技發展神速，人們日常生活均透過科技量化及質化，加上經濟發展全球化才可發揮成本效益，但影響層面也非常廣泛及迅速，故政府及監管機構必須具遠見和承擔，在未來發展與監管兩者得平衡，卻又不離地，了解和配合實際情況所需，才能與時並進，未來社會和經濟發展才更佳。

市場利用沽空懲罰壞孩子

據悉不少對沖基金或投資者曾覺得Wirecard的業務發展不對勁，實在太好了，根本不能相信（Too good to be true），除發出研究報告說明Wirecard可能隱藏貪污、洗黑錢、企業訛騙等外，更可能參與網上非法賭博，部份早前察覺到問題的對沖基金如Blue Ridge Capital 從2000年已開始沽空Wirecard的股票，但Wirecard尚未出事前的股價從7歐元不斷上升28.5倍，至2018年200歐元，最終該基金鎩羽而歸，並於2017年倒閉。

相信各位非常明白必須分散投資風險，萬一集中投資，還須「看得準、守得住、守得穩」，否則，即使對沖基金經理真的看得準，亦不能守得住、守得穩，卻導致客戶的資金虧損及賠上自己名譽，實在非常可惜。Wirecard曾對發放其公司負面研究的機構發出律師信，藉以阻嚇他們繼續發布負面消息，始終「紙包不著火」，即「企業在水退（經濟低迷）時便可看到有否穿泳褲」。

Wirecard股價最高曾上升至145.6歐元，2021年2月初約0.45歐元，跌幅約99.7% 2019年及2020年分別下跌19%及99.71%，2021年竟然物極必反，至2月10日股票竟然回升43.15%。

圖表7.21 Wirecard（WDI.EU）股價走勢

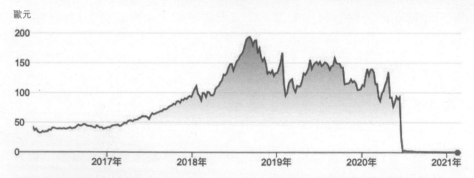

中美之爭及新冠肺炎成為拖累全球經濟走弱之催化劑，大幅影響全球消費及生產停頓，許多銀行及金融機構已接連出事，如今Wirecard竟然找不到佔四分之一資本的現金，或可能作出虛假陳述和進行很多虛假交易等，各界唯有靜待監管機構最後的調查結果。但這確實為非常好的案例，投資者在貪婪之餘，也必須提高警覺。

7.3
被取代的
風險

新經濟通常屬迅速發展行業，往往出現新經濟企業「贏者通吃（Winner
Wins All）」情況，即使新經濟企業亦面臨被取代的風險，為投資於新經
濟另一大風險，這種被取代風險來自三個層面，包括：

1. 商業模式不斷創新，被更加創新的新經濟模式所取代；

2. 同行業內的新經濟，先行者被後來居上者超越的風險；

3. 催化劑如新冠肺炎等加快汰弱留強。

商業模式被取代

對於第一種情況，新經濟的商業模式被更加創新的模式所取代，此點乃
投資新經濟一大常見風險。新經濟領域發展日新月異，技術更迭一代更
優於一代，很多流行一時的科技產品迅速佔領市場後，卻又很迅速地被
更新的產品淘汰，如此更替。

一些盛極一時的創意模式也一直很困難獲得市場肯定，如此前內地的共享單車、共享充電寶等最終都草草收場。更強的硬件性能、更新的軟體技術、更創新的生物醫藥療法等等，新經濟本身具有不斷更迭的行業性質，產品與服務均日新月異。

因行業周期被淘汰

對於第二種情況，通常因新經濟所屬行業的周期均非常快速，入行門檻也並不算太高，許多都從一個小小的創業團隊開始，後期發展則主要依賴於公司本身開拓市場的策略，在公司缺乏盈利下，外來投資提供予公司繼續「燒錢」，拓展業務和市場的資金支持。

雖然一些新經濟企業高度依賴核心技術，也不斷被打破，例如雲計算、網絡安全、新能源汽車等行業，但尚有很多新經濟企業更依賴於創新的營運模式，例如共享概念、在線外賣、租賃平台等，這也導致其在市場的戰略部署上稍稍犯一點錯或者一不留神，便可能被後來居上的競爭者迅速搶佔市場，最終把自己創新的模式拱手讓人；若各位仔細回想一下，近幾年來這情況並不罕見。

餐飲外賣　兵家必爭之地

以美國2020年因疫情催化的最熱行業之一外賣行業為例，2020年12月9日在美國上市的Doordash（DASH.US）應是大贏家，上市首天大升86%，市值達718億美元，高於許多大型餐飲企業，超越Chipotle

Mexican Grill（CMG.US）、Domino Pizza（DPZ.US）及 Dunkin's Brands
（DNKN.US）之市值總和。

幾年前佔據美國外賣市場乃2004年成立的在線外賣平台Grubhub（GRUB.
US），該公司10年前已吸納2,000萬美元資金供擴展業務，隨後又再融
資5,000萬美元，並在2014年與另一家外賣公司SeamlessWeb合併，更
以20億美元估值上市，在這剛剛興起的行業中獨佔鰲頭。

可惜好景不常，大量資金湧入，幾位競爭對手爭先恐後地進入這市場，
DoorDash便為其中一位實力雄厚的競爭者，還有Postmates和Uber Eats
等；競爭者均發現Grubhub只接入提供自行配送的餐館，這使得後來競
爭者尚可發掘無限的市場空間，對手Postmates以廣泛撒網形式先行覆
蓋更大的面積及增加市場佔有率，DoorDash則採用於一個地區精細化至
把咖啡店、小商舖等商家納入平台之策略，在過去3年其銷售額便增長
114%，美國整個外賣市場僅只增長40%而已。

雖然 Grubhub 仍在紐約市佔據主導地位，但 DoorDash 已在華盛頓特區、休斯頓和舊金山等多個核心商區擁有龐大的顧客群，Uber 外賣也在洛杉磯佔據榜首。與 DoorDash 的熱門 IPO 形成鮮明對比，Grubhub 市值在 2020 年收縮一半。

類似情況屢見不鮮，Uber Eats 為保持在美國之優勢，以 26.5 億美元收購 Postmates，未知 DoorDash 與 Grubhub 將來會否合併？甚至其他科技巨企如亞馬遜（AMZN.US）等收購及插手美國市場？因亞馬遜已入股英國 Deliveroo！

共享住宅被快速取代

共享住宅為另一例子，原本 HomeAway（AWAY.US）和 VRBO 主導此行業，以提供整屋出租供度假性質，Airbnb（ABNB.US）進入後旋即打破整個局面，迅速擴大可供應的來源至城市的公寓及房間，顛覆行業的商業模式。

對於第三種情況，當遇上新冠肺炎般世紀大催化劑，疫情觸發原本蓬勃的餐飲經營非常困難，人們改為在家工作，刺激外賣需求激增，供應與選擇猶如恒河沙數，最頂級的餐廳亦需轉營外賣業務求生，外賣已不再以三文治或簡單便當，卻為豐盛的大餐，價與量同時大升。

DoorDash 便藉此機遇在 2020 年第 2 季轉虧為盈，其股價於上市後大升，軟銀 2019 年以 14 億美元購入 DoorDash 25% 股權，兩年間獲利 17 倍，一洗軟銀頹喪之氣。

7.4
投資亂象
小心地雷

雖然新經濟領域機會較多，但必須留意不同形式及數量繁多的地雷，懂得識別亂象才是投資者對新經濟行業的正確打開方式。

每當提及新經濟投資騙局，各位必然想到遭人揭發造假的19歲史丹佛學生 Elizabeth Holmes，她創立的「Theranos」公司聲稱從手指上採集一滴血，便可以直接在血液中檢測數百種疾病，這項能「改變世界」之發明使得公司估值曾一度逼近百億，但這場騙局最終被揭破，創辦人如今即將面臨最多20年有期徒刑、罰款達數百萬美元的刑責。

極度貪婪　創新造假

上市公司透過財務造假、通過虛增交易、偽造銷售額等捏造或擴大利潤來推升股價屢見不鮮，如在美上市的中概股瑞幸咖啡（LK.US）早前股價飆升，上市數年才被揭穿其大量虛擬交易、刷單操作等，瑞幸咖啡最終不得不承認。

由於財務造假的亂象頻發且手段更加隱蔽，近年來沽空機構也不斷調整

調查方式，如聘用當地大學生深入被調查對象內部工作或實習，以獲取最底層、最直接的單據、視頻等訊息，或者直接或間接安排多家第三方調查公司，分散調查不同層面問題，以避免引起懷疑或洩漏調查訊息。

以瑞幸咖啡為例，沽空機構渾水指稱收到一份長達89頁的調查報告，調查方動用92名全職和1,418名兼職人員，對1,832家瑞幸咖啡門店的客流量進行現場監控，並根據此推斷瑞幸咖啡誇大了收入；最終瑞幸咖啡不得不對外公布，其2019年第二季度到第四季度總銷售額誇大約22億元人民幣。

近年來另一起令人乍舌的造假事件乃美國氫能源汽車新星Nikola（NKLA.US）公司涉嫌造假，但並非聚焦於財務問題，此源於其電動氫能源卡車宣傳視頻作弊；沽空機構懷疑Nikola一切產品及技術均為虛擬，儘管Nikola的氫能源卡車此前一直被公眾看好，該公司一直沒有透露氫能源卡車的確切交付時間，原本氫能源車技術非常具有挑戰，這使得外界難免對該公司產生猜測和質疑，最終通用（GM.US）取消合作及入股，並說明相關底蘊。

這類造假事件相對不像財務造假般後果嚴重，不至於退市風險，其股價卻備受影響，市場對其信心很難在短時期修復，投資者很大機會虧本，需仔細甄別。

上有政策　下有對策

這些重大造假事件往往逼使監管機構不斷調整規則以規範市場行為，如

2001年美國史上最大欺詐案安然公司財務造假和申請破產後，成為美國加強對上市公司監管的分水嶺事件，《薩班斯 —— 奧克斯利法案》因而推出，乃自1930年以來美國證券法最重要的改變。近年來美國、歐盟的監管機構也不斷修訂監管規則，協助推進和監管新經濟發展。

在資金氾濫及利率近零等情況下，資金四處尋找投資機會或回報，因而願意承擔更高、更大風險，加上新經濟趨勢受惠於新冠疫情，眾多缺乏道德的貪婪分子更容易利用新經濟企業在沒有盈利等情況下集資或上市，紛紛藉創作之名欺騙投資者，最後因缺乏持續性而倒下，投資者隨時血本無歸！

事實上，投資者亦不容易分辨，尤其是企業初端之時，如 Tesla（TSLA.US）從成立起盈利欠奉，直至2020年連續4季才錄得盈利，令不少以沽空為主的基金虧損，並放棄沽空而平倉，刺激 Tesla 股價在2020年飛升6倍！

需看得準　守得住

對沖基金亦早已質疑德國 Wirecard（WDI.EU），在其成立初期及中期不斷上升之機沽空，即使看對了，對沖基金卻已大幅虧損、甚至破產或倒閉，後來只剩下少數實力雄厚的對沖基金堅持到底，終於2020年才大幅獲利。

不論看好或看淡，投資者必須「看得準、守得住、持得穩」才有機會獲利，也需累積經驗和資本，欲速則不達，所謂「財不入急門」，宜分散投資於不同關係性的企業。

7.5
貨幣的
新舊交替

自2000年以來，貨幣的發展已從「黃金本位制」變為「美元化」，再到因2008年金融海嘯導致美元信心受挫，出現的虛擬資產以及當前的數碼貨幣，貨幣也發生了巨大變化。

目前我們身處科技創新的時代，科技進步改變了人們的生活習慣，較為明顯的便是支付方式，從以前的現金支付進步到電子支付。對國家而言，貨幣的定義也不僅僅只限制於流動的紙幣，隨著數碼貨幣研究的不斷推進，全球大約有超過20%的央行正考慮在未來六年內推出數碼貨幣，尤其是在新冠肺炎這個催化劑的促使下，更加體現了數碼貨幣的便捷與安全。

目前虛擬貨幣、數碼貨幣，加密貨幣這些名字已經不斷地進入到人們的日常生活中，雖然三種貨幣定義有分別，但大部分人會混淆使用。

數碼貨幣　定義較廣

目前數碼貨幣的定義仍然較為廣泛且充滿爭議，但大部分人能接受的定

義是一種以數碼形式呈現，承擔實體貨幣功能，能夠支持即時交易且不受地域限制的貨幣。廣義來看如眾多支付軟件Google Pay、Ali Pay和Wechat Pay等實現轉賬的支付方式也可以算在數碼貨幣範疇中。但狹義而言，數碼貨幣應具備國家央行發行的具有法定地位才可。

2019年6月Facebook（FB.US）在美國發布的Libra項目引起世界轟動，也在一定程度上刺激各國研發數碼貨幣進程。早在2019年3月英格蘭銀行在其《央行數碼貨幣》的報告中也表明，其正在研究和權衡發行中央銀行數碼貨幣（CBDC）的方法。2020年初，國際貨幣基金組織（IMF）也將數碼貨幣列為2020年的首要任務之一，國際清算銀行與歐央行、英國央行、瑞典央行、瑞士央行、日本央行和加拿大央行共同成立央行小組，開展CBDC應用案例研發。7月23日，歐洲東北部的立陶宛中央銀行發布世界上首個基於區塊鏈技術的數碼收藏貨幣「LBcoin」。雖然其主要用途為紀念收藏，並非用於各支付功能，但也為各國央行在研究數碼貨幣進程中提供了經驗。

在亞洲除了日本以外，韓國在2020年3月也對發行數碼貨幣的法律和技術問題進行審查，以此檢查韓國發行央行數碼貨幣的能力。韓國央行亦於同年6月成立數碼貨幣的法律諮詢小組，以幫助審查發行央行數碼貨幣有關的法律問題。還有中國四大大型國有銀行已在深圳等城市對央行數碼貨幣進行大規模測試，中國或也將成為最先發行數碼貨幣的國家之一。

深圳市政府利用非常聰明的方法提升市民數碼貨幣的體驗，人民銀行已於深圳市進行數碼人民幣使用測試，發放總值1,000萬數碼人民幣紅包，共191.38萬名市民作個人預約登記，5萬名市民抽籤獲得紅包；目

前深圳逾3,300家商戶可使用數碼人民幣付款，涉及商場、超市、生活服務、日用零售、餐飲消費等類型，如華潤萬家、沃爾瑪等商戶均可使用，深圳市民可利用這些數碼紅包購物、進行其他交易或及活動。

圖表7.51 環球央行發行數碼貨幣

央行	數碼貨幣名稱	公布年份	進行情況	技術提供商
中國人民銀行	數碼貨幣電子支付	2017	積極試驗中	不詳
瑞典銀行	e-Krona	2017	試點已完成	R3 Corda、Accenture
烏克蘭國家銀行	e-Hryvnia	2017	試點已完成	Attic Lab、Stella*
新加坡金融管理局	Ubin	2016	已完成	Hyperledger Fabric、Quorum、Chain
歐洲央行、日本銀行	Stella	2017	待定	Hyperledger Fabric、R3 Corda
泰國銀行、香港金管局	Inthanon-LionRock	2018	待定	R3 Corda

註＊：試點使用
資料來源：KPMG

虛擬貨幣　不一定與法定貨幣掛鈎

2014年歐洲銀行管理局對虛擬貨幣的定義為：虛擬貨幣是價值的一種數字表達，並非由中央銀行或公共權威機構發行，也不一定與某一法定

貨幣掛鈎，但被人們接受用於支付手段，可以進行電子化轉移、儲藏或交易。比較常見的虛擬貨幣一般存在與網絡遊戲中，發行公司自行推出虛擬貨幣可允許玩家在平台上購買產品和道具，但這種虛擬貨幣一般都是單向的，不能進行現金兌換或者轉賬。因此這類虛擬貨幣的價值基本取決於發行公司，安全和風險也取決於發行公司的信用。

加密貨幣　建基於區塊鏈

加密貨幣不同於數碼貨幣與虛擬貨幣，它的範圍最小且包含在數碼貨幣、虛擬貨幣中。加密貨幣建基於區塊鏈技術如加密算法，密碼學等所創造的貨幣，加密貨幣不是由某一個機構發行，因此政府很難對其干涉和管理，但加密貨幣是具有可以衡量的價值。市場中常見的加密貨幣是比特幣、以太幣、泰達幣及瑞波幣等，2020年12月市值分別為6,795.8億美元，1,565.1億美元，253.7億美元，124.6億美元，市場份額分別為40.19%，9.04%，31.5%和3.8%，這四種加密貨幣基本佔據絕大多數市場份額。

加密貨幣的普及也為傳統支付企業帶來商機，環球央行和消費者在新冠疫情期間意識到加密貨幣的好處，PayPal宣布將推出加密貨幣支付服務，用戶可以通過PayPal賬戶購買、持有和出售加密貨幣，如比特幣、以太幣、泰達幣及瑞波幣等，PayPal首開先例猶如催化劑般，驅使銀行逐步推進加密貨幣服務。全球著名的大型衍生品交易市場芝加哥商業交易所在2020年首季度開始提供比特幣（BTC）期貨合約的選擇權。

目前各個國家都推進其數碼貨幣，處於領先的中國逼切推出數碼貨幣，其中的一個重要原因是來自國內民營企業所帶來的強大壓力如支付寶和微信，支付寶和微信在中國的數碼支付一直處於霸主地位，按數據顯示，2020年首季度儘管受到疫情影響，中國移動支付交易規模仍超過53萬億元人民幣，支付寶和微信分別佔據55.4%和38.8%，處於壟斷地位的民營企業催化了中國央行在發行數碼貨幣道路的決心。

與中國相比，美國絕不希望推行數碼貨幣，美國早已制定監察美元走向、追查洗黑錢途徑及來源等系統，多年來行之有效，並同時利用美元制裁及懲罰個別國家、機構或個人。若將來全球推出數碼貨幣及逐漸形成新風氣，美國必須重新建立監察全球數碼貨幣的系統，但屆時其他國家會否接受？同時美國必須保留監察美元或資金流向的系統，相信美國監察全球的成本必然大增，美國會否把成本轉嫁於其他國家或金融機構？這些國家或金融機構是否同意？環球諸國及機構會否因此設法擺脫美國的掣肘？新秩序勢將因科技提升而改變現有的生態系統，各位不妨拭目以待。

歸根究底，科技突飛猛進有助改善現時的支付系統效率，從公共衛生角度而言，尤其是新冠疫情爆發後，更多人不欲使用無數人曾觸摸的貨幣。不過伴隨著數碼貨幣的推出，風險也隨之而來，首先數碼貨幣需要考慮網絡安全問題，其次或可能出現虛假貨幣，也必須考慮適用人群，對於年長的使用者來說，數碼貨幣並不適合，因為多數年長者沒有擁有電子設備。數碼貨幣的推出和應用可能對傳統銀行業務（如儲蓄業務）

產生負面影響，這可能拖累傳統銀行的收益。另外，權力下放與集權之間的衝突勢將發生。最終私營企業搶奪市場份額也不可避免。

對於數碼貨幣、虛擬貨幣和加密貨幣的前景，短期必會出現，但從長遠來看，筆者認為數碼貨幣、虛擬貨幣和加密貨幣很可能達到平衡。中央銀行數碼貨幣的推出和應用將有助避免壟斷問題，人們將獲得更多支付方式的選擇，因此費用很可能接近零。此外，數碼貨幣、虛擬貨幣和加密貨幣將來很可能產生相互作用，屆時數碼貨幣將為人服務，並非以達到某個特定企業的利益為目標。

比特幣創新高　注意風險

另外，加密貨幣似乎逐漸成為負收益債券等替代品，在強烈需求帶動下，比特幣在2021年初衝上逾5萬美元大關，氣勢如虹。

信報東驥模擬組合已加入比特幣信託基金Grayscale Bitcoin Trust（GBTC），並佔比重1%，截至2020年12月15日，GBTC持倉增加至約56.6萬個比特幣（相當於約109.4億美元），較6月初36萬個增加近60%，反映投資者2020年下半年不斷湧入比特幣領域。

在各國央行貨幣政策仍保持寬鬆下，比特幣出現崩盤的機會暫時不大，加上虛擬貨幣交易平台Coinbase已提交上市申請；若2021年1月份成功上市，意味著虛擬貨幣在傳統金融界的認受性將有所提高，有利支撐

比特幣走勢。但各位必須密切注意GBTC價格與其資產淨值（NAV）之溢價，已從2020年10月中約15%大幅擴闊至近40%偏高位置，可見GBTC價格升幅約25%來自於溢價上升，卻非估值上升，在市場調整或下跌時，其價格及溢價縮減引致跌幅更厲害，各位必須小心留意。

圖表7.52 Grayscale Bitcoin Trust (GBTC)股價及資產淨值走勢

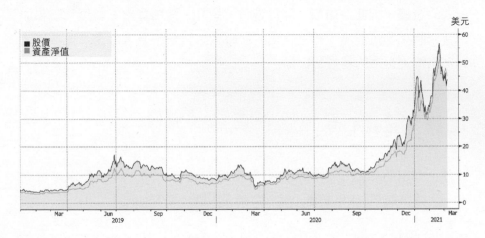

7.6
新經濟股浪潮
是否告終？

2021年首2個月新經濟股一浪低於一浪，部份已下跌至200天平均線，位於風眼的阿里巴巴（9988.HK）股價更跌破250天線！究竟底位何在？過往新經濟股股價以沒有頂位見稱，現時卻希望新經濟股股價呈現底位，新經濟股大幅波動的主因如下：

1. 投資者對過去數年資金泛濫及美國利率接近零等因素早已耳熟能詳，一眾新經濟股受資金追逐而造成超高估值，2021年初暴升、暴跌，面對債息短期急升下，投資者必須面對現實，股份估值隨即被打折扣或要求更高，尤其是缺乏盈利的新經濟股備受考驗，如盛傳2021年3月中旬螞蟻集團估值較其2020年底IPO之3,150億美元削減36%，至2,000億美元，但仍較其2018年最後一次融資的估值高出三分之一，已屬相當不俗，畢竟其母企阿里巴巴股價亦從高位回落三分之一；

2. 2021年春節前內地資金（北水）進一步推動新經濟股股價至巔峰，至2、3月期間許多新經濟股從高位回落逾2成，令不少北水基金表現亦下跌2成，不但沒有新投資者認購，反而增添贖回壓力，故近期許多內地基金必須出售新經濟股應付贖回，新經濟股因而反彈乏力；

3. 目前新冠疫情仍然肆虐，帶動新經濟股業績更亮麗，同時造就股價不斷飆升，AI加快推出疫苗及疫情逐漸受控，投資者已非常肯定全面經濟復蘇快將來臨，許多舊經濟股隨之回暖，股價亦從低位拾級回升，部份股份已回升至疫情前水平，吸引不少資金從高估值的新經濟股流向低估值的舊經濟股，開啟新、舊經濟板塊輪動，相信新經濟股跌勢須待這次輪動完結後才有機會終結。

從微觀的角度，現時許多基金旗下組合持有新經濟股逾7、8成，以2021年首2個月表現最出色的中國基金為例，在其十大持股中，8成為新經濟股或升幅可觀的醫藥股，個別新經濟股的持股比例也較高，約8 - 9%，其餘只有2、3隻屬舊經濟的銀行股，各約佔3%，最極端的做法為新經濟股比例從早前逾8成下降至2成，即組合內60%新經濟股佔比須轉為舊經濟股，故趁每次股市反彈之機減持新經濟股，但中性及合理的應為新、舊經濟股各佔半。

先入先出　中美誰領風騷？

自爆發新冠疫情後，中國經濟從2020年率先復蘇，投資者因而預料銀根政策開始改為中性，引發2021年2、3月份A股調整，繼而影響港股走勢，令所有大幅回升的內需股下跌，更何況位於風眼的新經濟股！

從附圖顯示，中央早前設定2021年中國經濟增長6%，瑞銀更大幅提升至9%。市場估計2021年美國經濟大幅回升，預測美國GDP增長從5.5%提升至7%，銀根則保持寬鬆，繼推出1.9萬億美元刺激經濟計劃後，未來美國政府再次增加基建及綠色投資合共2萬億美元等，市場因而預期通脹加劇及債息上升，在美股及美債息一起上升下，吸引全球資金流入美

國，並推動美元上升，不利新興市場及中港股市，但究竟美元強勢尚可維持多久？美國政府赤字不斷擴大，但錢從何來？此才是未來核心所在！

圖表7.61 商業周期與市場泡沫

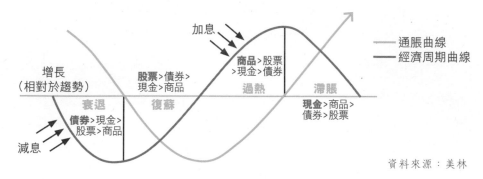

資料來源：美林

新經濟股調整的催化劑

除憂慮債息升勢持續、通脹急速來臨及高於預期、聯儲局加息時間表提前等外，目前中國及美國對新經濟企業推出反壟斷措施，其中中國更要求新經濟企業不能「二選一」、資本要求須與金融機構看齊而引致成本增加、必須分享資訊和數據等，新經濟股估值立即下調，實屬十分正常之事。

另一邊廂，近期不少新經濟企業勢已被實力雄厚及屹立不搖的舊經濟企業反擊，2021年美國汽車股如通用（GM.US）、福特（F.US）、平治等股價走勢優於 Tesla（TSLA.US），福特 Mustang Mach-E 電動車銷售在美國搶佔 Tesla 的市佔率，Volkswagen AG 在歐洲電動車銷售表現更勝 Tesla！

通用汽車承諾將在2035年全部生產電動車，推動美國汽車股價今年上升20-30%不等，影響新經濟股成長，幸而未來電動車市場增長空間仍然巨大，但更多歐美、亞洲及中國傳統汽車製造商紛紛加入競爭行列。

新遊戲規則

待內地落實監管、反壟斷及規管新經濟平台後，相信新經濟股回調已反映這些因素及重新釐訂估值，屆時便為購入良機，須知新經濟股的營運模式、定位及吸引人才等因素均沒有改變，若在清晰的規範環境裡仍保持高速增長，應有助「行得更穩健、更妥善、更長遠」！

各位不妨在新舊板塊輪動下尋找優質的新經濟股，或許因被過份沽售而出現較佳的購入價位，倘若新經濟股在疫情後仍可保持30、40%增長，值得各位乘各項負面因素帶來回調之機購入優質或心儀股份，並宜長線持有，千萬不要錯過良機；近2020年底、2021年初對新經濟股盈利或收入指標頗高，日後在較高的基數下仍保持良好增長勢頭，各位更絕不能小覷這些新經濟股。

長線而論，新經濟股盈利高速增長不受經濟走俏及利率上升等影響，新經濟發展屬Deflationary（通貨收縮），故通脹應不會太屬害，而且中國繼續開放市場，內地資金必然持續南下，市場亦逐漸習慣債息上升。

以新經濟股為主的美國納指數往績市盈率為68.5倍，預測2021年市盈率則為33.3倍，但中國MSCI科技指數往績及預測2021年市盈率分別為24倍及20倍，尚未達致納指一半，若美國科技股調整幅度不多，預計中港新經濟股回升幅度更大。

美國及中國分別在創新及實際應用方面佔優，未知日後中美科技戰升級會否易位？習主席在加強監管新經濟平台後如何保持中國優勢？繼而拉近中美新經濟股估值？中國科技股存有上升空間及重新估值，美國科技股估值卻偏高，會否有所改變？各位必須注意這些風險。

總結
不丹領悟
開心投資的奧秘

筆者曾多次提及須開心、快樂地投資，心情愉快及心理健康更佳，投資獲利固然重要，卻必須開心、快樂地投資，若否，即使獲得厚利也彌補不了其他各方面損失，如健康、心情、工作、家庭等，那又何必！倘若投資過程痛苦及結果欠佳，更加不值得；按附圖所示，左下角的情況為最差，負回報及低投資過程快樂指數，出現右上角情況當然最佳，即高投資過程快樂指數及與正回報接近必為最理想的結果。

投資過程痛苦　結果欠佳

資料來源：東驥基金財富管理／東驥基金研究部

筆者首次到不丹旅遊，因不丹乃全世界快樂指數最高的國家，這個位於

313

全球最高的喜馬拉雅山北邊國家，最高的山峰達7,900米，大部份國土是山地及平原不多，與香港頗為類似，人口卻只有70萬，面積為香港100倍，不丹如何從一需要援助的落後國家變成為現時收入多於支出的國家？

不丹的收入不斷上升協助人民生活改善，並成為最快樂的國家，據最近的統計調查，發現只有2.5%國民不開心，這可能與少數個別人士性格導致，其餘大部份國民都非常開心快樂。

不丹取得現時的成績全因1955年11月11日出生的四世王Druk Gyacpo Jigme Singye Wangchuk英明領導的成果，他的父皇早逝，在1972年僅17歲的第四代皇子中學畢業後從英國回來接任為四世王。他非常清楚明白達致財務自足和自由的目標，並朝著國家發展方向及目標邁進，首先增加援助的機構數目及資金來源的數額，分散風險，一如閣下的投資資金來源及金額，需要分散及多元化發展。

其次透過私有化國家過往合作的企業和重新打造，集中於金融業、工業、農業、木材等類別，旨在增加國家穩定和長久的收入，最重要的發展為他上任不久、並於1974年利用印度貸款發展水力發電，共336MW，把過剩的潔淨電力出售予印度，2007年水力發電已佔其GDP 23.4%，隨著水力發電量不斷提升，竟然超越國家最重要的項目——農業。

農業在國家支出排名亦同時下跌至第四位，超越交通、通訊、社會服務等方面開支，2012年國家收入更高於支出，現時水力發電的收入已佔GDP 70%，20%為旅遊，農產品出口和木材各佔半成。

自1974年利用水力發電獲得長期和不斷增長的穩定收入下，不丹四世王增加農業、醫療、教育等各方面投資，除直接資助相關的行業發展外，還不斷培養本國優秀學生及補送到海外進修相關專業，待學成歸來為國家各方面的發展作出貢獻，盡量減少依賴外國專業人士，希望達致自力更生及收入增長快於支出的長期穩定情況，令四世王更快迅地達成遠景。故各位宜投資於新經濟領域，必須多看、多聽、多接觸相關的知識、人和事，協助各位投資和部署。

由此觀之，快樂投資的首階段為如何提升自己的收入多於支出，每月不斷累積剩餘的資金供投資，若解決現金流的問題，閣下便可安排中長線部署「長線釣大魚」，如近期出現波動市的新經濟股，既可繼續持有股份及待回升後出售，只要屬優質企業、未來業務及盈利有機會更佳便可，短期股價受壓或源於某些負面因素導致；假若股價下跌至目標價位，投資者可利用資金再次購入，藉調整之機降低購入的平均價，未來收復失地的機會更快、獲得回報或更高。

獲得穩定收入後，四世王希望資金投入不丹，協助提高自己國家的價值，並進行政制、行政、金融、經濟、政府等多方面改革，如下放國王的中央權力至20區，並選出總理負責議會行政及執行政策等工作，如企業CEO般，國王則為國家兼宗教最高領袖，即如董事會主席般，負責將國家法制、道德、宗教發展至21世紀國際水平。若總理表現欠佳，四世王可透過民選機制選出另一位總理，並獲四世王批准，與過往國王直接指揮及負責相關錯失截然不同，早前缺乏緩衝機制，可能因此出現政局的穩定問題，可見這是非常聰明的辦法。

快樂與增長要取得平衡

除面對經濟增長及物質化等快樂基礎外，四世王明白不丹必須透過自己獨特的文化、習俗、價值、目標及原則等協調和制定適合國家的發展路徑，同時透過不同的專業加速發展文化習俗，如投入大量資金重新維修廟宇、古蹟等，必須依賴佛教人士協助，還配合不少設計師、則師、建築師及藝術專業等創造現代歌舞表演的藝術作品。

開心投資亦如是，各位必須根據自己的個性、喜好、投資機會及情況等決定投資策略及方法，如利用價值投資法選擇優質股份及長期持有，投資者應了解宏觀及微觀環境，繼而作出下列策略：

1. 如何增加閣下組合的價值？如轉投資於前景更佳及更優質的新、舊經濟企業，若有信心及有能力的話，亦可趁自己持有的股票價格再次下跌時考慮增加投資額，藉以降低成本，相關股份佔投資比例則維持於最高限額內，或增加未來收復損失的機會，即「看得準、敢捉住」；

2. 增長與風險必須取得平衡，一如不丹經濟增長及物質化取得平衡，故面對中美貿易戰等長期因素影響下，令每年從經濟中如科技股更有雙位數回報，只要不心急、釣大魚，複息獲利不菲。

投資者在獲利後可輕輕鬆鬆做自己喜歡做的事，如旅遊、進修、慈善等等，投資者切忌「磨爛蓆」，既辛苦、又未能獲利及不快樂。

加入亞洲金融科技師學會

創會會員　企業會員　中小企會員　初創會員

⊙ 倡導
成為亞洲金融科技師學會委員會成員並與其他行業領袖一起參與學會活動、政策意見諮詢和出版刊物等, 倡導並造福社會和金融科技業

⊙ 培訓與研討會
通過持續的培訓和研討會以提升會員對金融科技技術和企業道德等的知識; 企業會員代表可以會員價格參與本會之培訓和研討會

⊙ VIP與贊助
企業會員可以優先成為本會活動之特選贊助商, 企業會員代表將獲邀擔任本會活動、會議和頒獎典禮之嘉賓; 並可獲得本會活動之免費門票或會員門票

⊙ 品牌推廣
企業會員代表將會優先被邀請擔任研討會、工作坊、會議和訓練營等活動之嘉賓講者; 會員之企業標誌將被刊登於亞洲金融科技師學會官方網站、本會簡介手冊、活動宣傳等

立即成為認可金融科技師

{CFT}: 金融科技證書
Certificate in Finance and Technology

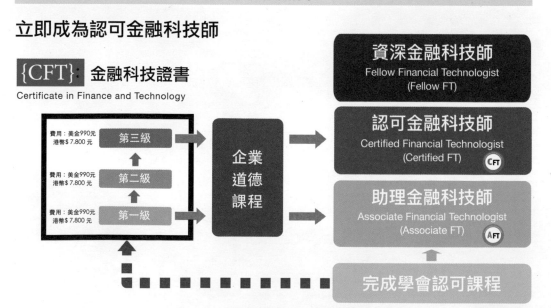

資深金融科技師
Fellow Financial Technologist
(Fellow FT)

認可金融科技師
Certified Financial Technologist
(Certified FT)

助理金融科技師
Associate Financial Technologist
(Associate FT)

費用: 美金990元 港幣$7,800元　第三級

費用: 美金990元 港幣$7,800元　第二級

費用: 美金990元 港幣$7,800元　第一級

企業道德課程

完成學會認可課程

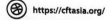 https://cftasia.org/

 IFTA亞洲金融科技師學會

IFTA亞洲金融科技師學會

ifta.cftasia

IFTA亞洲金融科技師學會

(852) 2232 5822

了解更多

TRUST
TOMORROW

信望香港 信望未來

太古

四方精創
FORMS HK

Bank of The Future

Simpler. Faster.
Smarter. Safer.

The Digital Technology Partner of
Conventional and Virtual Banks

forms-fintech.com　　FORMS HK

特別鳴謝

黃鏡興　　　標保有限公司主席 | bibo.com.hk
Jason Wong　　Afanti Investments Ltd.

Wealth 128

新經濟
制霸戰

作者	龐寶林
出版經理	Sherry Lui
責任編輯	梁韻廷
書籍設計	Stephen Chan
相片提供	Getty images

出版	天窗出版社有限公司 Enrich Publishing Ltd.
發行	天窗出版社有限公司 Enrich Publishing Ltd.
	香港九龍觀塘鴻圖道78號17樓A室
電話	(852) 2793 5678
傳真	(852) 2793 5030
網址	www.enrichculture.com
電郵	info@enrichculture.com
出版日期	2021年4月初版

承印	嘉昱有限公司
	九龍新蒲崗大有街26-28號天虹大廈7字樓
紙品供應	興泰行洋紙有限公司

定價	港幣 $228　新台幣 $920
國際書號	978-988-8599-59-2
圖書分類	(1)工商管理　(2)投資理財

支持環保　此書紙張經無氯漂白及以北歐再生林木纖維製造，並採用環保油墨。